Benjamin Hasselhorn und ͺahr

Tatsache!

Die Wahrheit über Luthers Thesenanschlag

EVANGELISCHE VERLAGSANSTALT
Leipzig

Bibliographische Information der Deutschen Nationalbibliothek
Die Deutsche Nationalbibliothek verzeichnet diese Publikation in der
Deutschen Nationalbibliographie; detaillierte bibliographische Daten
sind im Internet über http://dnb.dnb.de abrufbar.

© 2018 by Evangelische Verlagsanstalt GmbH · Leipzig
Printed in Germany

Das Buch wurde auf alterungsbeständigem Papier gedruckt.

Cover: Thomas Puschmann, Leipzig
Coverillustration: © Klaas Neumann
Satz und Gestaltung: Steffi Glauche, Leipzig
Druck und Binden: BELTZ Bad Langensalza GmbH

ISBN 978-3-374-05638-5
www.eva-leipzig.de

Vorwort

Im großen Jubiläumsjahr 2017 war die Presse erstaunlich vorsichtig: »Der Überlieferung nach soll Martin Luther am 31. Oktober 1517 seine 95 Thesen gegen die Missstände der Kirche seiner Zeit an die Tür der Schlosskirche geschlagen haben«[1], berichtete die *Tagesschau*. »Soll angeschlagen haben«, »der Überlieferung nach« – besonders sicher schien man sich über den Faktengehalt der Nachricht nicht zu sein. Andere Presseorgane hatten ähnliche Skrupel, Luthers Thesenanschlag als Tatsache hinzunehmen. Im *Neuen Deutschland* sprach man vom »vermeintlichen Thesenanschlag«[2], bei *n-tv* vom »angeblichen Thesenanschlag«[3], in der *Zeit* lief der Thesenanschlag als »Legende«[4], in der *Rheinischen Post* als »Mythos«[5]. Die *Welt* wusste zu berichten, dass, wenn überhaupt, dann nicht Luther, sondern der Universitätshausmeister die Thesen angeschlagen habe[6], und bei *Deutschlandfunk Kultur* war man sich sicher, dass dabei gar kein Hammer zum Einsatz kam, sondern Siegelwachs[7].

So viel öffentlicher Zweifel, obwohl es in der Reformationsforschung nur noch wenige gibt, die den Thesenanschlag bestreiten! Selbst der heute vehementeste Gegner des Thesenanschlags, Volker Leppin, hat gemeinsam mit Timothy Wengert die Auffassung geäußert, dass die Argumente, die für den Thesenanschlag sprechen, genauso gut seien wie die Argumente dagegen.[8] Die meisten anderen Forscher halten Luthers Thesenanschlag für »nicht bezeugt, aber doch wahrscheinlich«[9], durch »jüngere Quellenfunde«[10] plausibel geworden, so dass man »die Möglichkeit eines Thesenanschlags einräumen«[11] müsse. Nahezu alle sind sich aber in einem Punkt einig: nämlich dass die Frage, ob der Thesenanschlag nun tatsächlich stattfand oder nicht, in Wirklichkeit »nicht besonders wichtig«[12] sei, dass es sich beim Thesenanschlag, wenn, dann um einen ganz regulären universitären Vorgang gehandelt habe und dass der Mythos vom Thesenanschlag als dem heroischen Beginn der Reformation nichts mit der historischen Realität zu tun habe. Die meisten neueren Lutherbiographien haben für die Frage des Thesenanschlags nicht viel mehr als ein paar Sätze übrig. Der schottische Historiker Niall Ferguson fasst die Mehrheitsauffassung der Forscher in einem Satz zusammen, wenn er über die 95 Thesen schreibt: »It is not wholly clear if Luther also nailed a copy of them to the door of All Saints' Church in Wittenberg, but it scarcely matters.«[13] Es scheint, als ob das Ereignis, dessen 500. Jahrestag als das größte historische Jubiläum der wiedervereinigten Bundesrepublik Deutschland begangen wurde, in der Reformationsforschung kaum noch mehr auslöst als ein müdes Achselzucken.

Haben wir 2017 also ein Jubiläum ohne Anlass gefeiert? Handelt es sich bei der Erzählung vom Thesenanschlag um letztlich nicht viel mehr als um jubelprotestantische Fake News? Die Zurückhaltung von Öffentlichkeit und Reformationsforschung in Bezug auf den Thesenanschlag versteht nur, wer ins 19. Jahrhundert zurückblickt. Dieses war die Geburtsstunde vieler Luthermythen, darunter als wohl wichtigstem der Mythos vom Thesenanschlag als dem Beginn von Luthers Kampf gegen Rom, als angriffslustigem Auftakt der Reformation und Ursprung der europäischen Moderne. Von diesem Bild will man sich in der Geschichtswissenschaft aus verschiedenen Gründen möglichst scharf abgrenzen, und daher rührt die verbreitete Neigung, vom Thesenanschlag insgesamt lieber nichts mehr wissen zu wollen.

Und stimmt das nicht auch? War es nicht wirklich falsch, dem Thesenanschlag eine so große Bedeutung zuzumessen, dass er zum historischen, ja zum mythischen Ereignis wurde? Ist es nicht letztlich vollkommen egal, wer da was an welche Tür gehämmert haben mag? Denn ohne Zweifel hat Martin Luther seine 95 Thesen über den Ablass am 31. Oktober 1517 per Brief verschickt. Er hat sie geschrieben und versendet, unabhängig von der Frage, ob er sie auch angeschlagen hat. Sie haben ihre Wirkung entfaltet und jene welthistorische Umwälzung in Gang gesetzt, die wir Reformation nennen. Ist es daher nicht viel wichtiger, über die Thesen und ihren Inhalt zu reden als über den Thesenanschlag?

Dieses Buch widerspricht! Die Frage nach dem Thesenanschlag ist und bleibt wichtig. Sie betrifft weit mehr als nur eine ereignisgeschichtliche Fußnote, denn in ihr bündeln sich Fragen der konfessionellen Identität, des kulturellen Erbes, der Geschichts- und Wissenschaftspolitik sowie des Selbstverständnisses historischer Fachdisziplinen. Wenn das nicht so wäre, wenn also die Frage einfach unwichtig wäre, dann wäre auch niemand jemals auf die Idee gekommen, den Thesenanschlag als historische Tatsache in Zweifel zu ziehen.[14] Doch genau das ist der Thesenanschlag zunächst einmal, man drehe und wende es, wie man will: eine historische Tatsache.

Mit diesem Buch wollen wir deutlich machen, warum die Frage nach dem Thesenanschlag nach wie vor nicht nur interessant, sondern auch wichtig ist. Wir zeigen darin, warum es keine überzeugenden Gründe mehr gibt, den Thesenanschlag zu bezweifeln. Wir erklären, warum man eine Weile trotzdem auf die Idee kommen konnte, der Thesenanschlag hätte gar nicht stattgefunden. Und natürlich stellen wir uns auch der Frage, ob Luther wirklich selbst den Hammer schwang – und ob überhaupt ein Hammer im Spiel war?

Inhalt

1 Warum ist der Thesenanschlag überhaupt wichtig?

Mythos Luther

Der Thesenanschlag ist ein Mythos. Mit dieser Feststellung wird mancher die Frage, ob der Thesenanschlag tatsächlich stattfand oder nicht, wohl als erledigt betrachten. Allerdings wäre das ein Fehler. Denn ob etwas ein Mythos ist, sagt noch nichts darüber aus, ob es auch einen Realitätsgehalt hat, und wenn ja welchen.[15] Religionswissenschaftlich betrachtet, ist ein Mythos eine »heilige Geschichte«[16], die *in illo tempore* stattfindet, jener »Zeit vor der Zeit«, in der die Götter die entscheidenden Dinge vollbrachten, den Kosmos schufen, den Menschen, die Ordnung der Welt. Es gibt aber auch historische oder politische Mythen, die nicht über die Götter, sondern über die Vorfahren berichten, über Taten der Vergangenheit, die das Gemeinwesen geprägt haben und die uns Aufschluss darüber geben, wer wir sind und woher wir kommen. Normalerweise ist ein Mythos, egal ob religiös, politisch oder historisch, eine Ursprungserzählung; er erklärt, warum etwas so ist, wie es ist. Für manche sind Mythen Verzerrungen oder gar bewusste Manipulationen der Wirklichkeit, andere sehen in ihnen eine bildhafte, erzählerische Verdichtung der Realität. In jedem Fall aber ist klar: Historische Mythen haben – wie lose, wie verzerrt auch immer – mit der historischen Realität zu tun. Wenn also etwas ein Mythos ist, heißt das noch nicht, dass dahinter keine Realität steht.

Im Falle Martin Luthers sind Mythos und historische Realität besonders eng miteinander verwoben. Denn die Mythisierung Luthers begann schon zu seinen Lebzeiten und wurde von ihm selbst vorangetrieben. Am 1. November 1527, einen Tag nach dem zehnjährigen Jubiläum des Thesenanschlags, schrieb Luther in einem Brief an den reformatorischen Theologen Nikolaus von Amsdorf, er trinke in Erinnerung daran, dass zehn Jahre zuvor die Ablässe »vernichtet« beziehungsweise »zu Boden getreten«[17] worden seien – Luther trank übrigens nicht etwa einen Tag zu spät, denn der 31. Oktober galt ab zwölf Uhr mittags als »Vorabend« des Festes Allerheiligen und damit als liturgisch zu diesem Tag gehörend. 1537 bekam Luther mit Georg Rörer einen Privatsekretär zur Seite, der helfen sollte, die wichtigen biografischen Daten und Zusammenhänge für die Nachwelt zu überliefern.[18] Manche Forscher sehen in den entsprechenden Bemühungen der 1540er Jahre das Streben nach einer »Monumentalisierung« Luthers, zu deren Ergebnissen auch die Erzählung vom Thesenanschlag gehöre.[19] Ob das stimmt oder nicht – in der Folge bildete sich ein Kanon »mythischer« Szenen aus Luthers Leben heraus, die bis heute den erzählerischen Rahmen für jede Luthergeschichte ausmachen.

Von Luthers Gewittererlebnis bei Stotternheim, das ihn 1505 ins Kloster trieb, über das »Turmerlebnis«, bei dem er seine reformatorische Entdeckung vom gnädigen Gott machte, bis zum Thesenanschlag 1517, dann weiter von der Verbrennung der Bannandrohungsbulle 1520 als endgültigem Bruch mit dem Papst über Luthers Auftritt beim Reichstag in Worms 1521 als Akt des Widerstands aus Gewissensgründen und dem Aufenthalt auf der Wartburg mit der Übersetzung des Neuen Testaments bis zu Luthers Hochzeit 1525 – Luthers Leben, jedenfalls in den stürmischen Anfangsjahren der reformatorischen Bewegung, lässt sich anhand solcher Szenen erzählen, die die entscheidenden Lebensereignisse des werdenden Reformators bildhaft verdichten, narrativ eingängig machen und für aktualisierende Deutungen öffnen: Protestantische Ernsthaftigkeit kann man anhand des Stotternheim-Ereignisses veranschaulichen, welches einen jungen Mann zeigt, der sich bis in die letzte Konsequenz an sein in einer Notlage gegebenes Versprechen hält; protestantische Innerlichkeit wird an der einsamen Lektüre und der daraus gewonnenen »reformatorischen Erkenntnis« im »Turmerlebnis« deutlich; der Thesenanschlag wird – allerdings erst im 19. Jahrhundert – zu *dem* Bild für Luthers Reformstreben und Aufbegehren gegen die römische Kirche; vor dem 19. Jahrhundert wird die Konfrontation mit Rom in einer anderen Szene verdichtet, nämlich der Verbrennung der päpstlichen Bulle; Luthers Auftritt in Worms setzt die protestantische »Gewissensreligion«[20] ins Bild; der Wartburgaufenthalt zeigt Luther als genialen Sprachschöpfer; und Luthers Hochzeit schließlich symbolisiert das neue Verhältnis, welches die Reformation dem Einzelnen gegenüber der Welt ermöglicht, zeigt Luther als Stifter des evangelischen Pfarrhauses und als Familienvater.

Abb. 1: Luther als Gewissensheld: Hermann Freihold Plüddemann, Luther vor dem Reichstag zu Worms, Öl auf Leinwand, 1864.

Die mythischen, geschichtspolitischen Deutungen, mit denen Luther im Laufe von fast 500 Jahren öffentlich präsentiert wurde, schließen direkt an diese Szenen an: »Luther, der Freiheitsheld«, das ist der Luther, der die Thesen gegen den unterdrückerischen Ablasshandel veröffentlicht, das ist der Luther, der in Worms vor Kaiser und Reich standhält und sich von keiner Macht der Welt einschüchtern lässt. »Luther, der deutsche Nationalheld«, das ist der Luther, der auf der Wartburg die Bibel in verständliches Deutsch übersetzt und der mit einer einheitlichen

Sprache auch ein Bewusstsein für die nationale Zusammengehörigkeit der Deutschen schafft; das ist außerdem der Luther, der 1517 gegen den römischen Papst und 1521 gegen den spanischen Kaiser im Namen nicht nur seines Gewissens, sondern auch seiner »lieben Deutschen«[21] auftritt und der schließlich mit seiner ganz auf die persönliche Gottesbeziehung ausgerichteten Theologie die »deutsche Innerlichkeit«[22] nachhaltig prägt – um nur zwei der zahlreichen historisch-politischen Lutherdeutungen zu nennen.

Abb. 2: Luther als Streiter gegen Rom: Manasse Unger, Luther verbrennt die Bannandrohungsbulle, Öl auf Leinwand, um 1834.

Die Eingängigkeit der Luthergeschichte und die Vieldeutigkeit von Luthers reformatorischen Leistungen führten dazu, dass seit dem 19. Jahrhundert kein deutscher Staat darauf verzichtete, sich des historischen und politischen Mythos Luther zu bedienen: nicht das 1871 gegründete Kaiserreich, das den Nationalhelden Luther in den Vordergrund rückte, nicht die Weimarer Republik, die Luther als Befreier aus Unterdrückung feierte, nicht die Nationalsozialisten, die den »deutschen« Luther propagierten, ohne allerdings dessen christlich-theologische Bezüge allzu stark zu machen, nicht die Deutsche Demokratische Republik, die in einem allmählichen Prozess bis 1983 dazu kam, Luther zum Vorkämpfer des Fortschritts und einem »der größten Söhne unseres Volkes«[23] zu erklären, und auch nicht die Bundesrepublik Deutschland, die bei Luther wie bei den meisten historischen Traditionen der deutschen Nationalgeschichte große Zurückhaltung an den Tag legte, 1983 aber der DDR eine eigene Lutherwürdigung entgegensetzen wollte.

Ein Anschlag macht Epoche

Heute ist der Thesenanschlag als Beginn der Reformation der wichtigste und bekannteste Bestandteil des Luthermythos. Allerdings wird immer wieder infrage gestellt, dass die Reformation wirklich mit dem 31. Oktober 1517 beginnt. Manche Reformationsforscher messen Luthers 95 Thesen gegen den Ablass gar keine große inhaltliche Bedeutung zu: Die Thesen enthielten noch gar nichts von dem, was später zur reformatorischen Botschaft Luthers wurde; sie seien vielmehr ihrem Inhalt nach ganz und gar römisch und papsttreu. Seit über hundert Jahren herrscht Streit in der Forschung darüber, wann Luther eigentlich zum Reformator geworden ist, und nicht wenige schlagen ein Datum *nach* dem Thesenanschlag vor. Andere wiederum verweisen darauf, dass die Reformation gar nicht mit Luther beginnt, sondern Luthers Wirken eine sehr lange Vorgeschichte habe. Tatsächlich entstanden Luthers Ideen keineswegs im luftleeren Raum, und er war bei weitem nicht der Erste, der sie entwickelte und äußerte. Luther selbst hat immer wieder darauf hingewiesen, dass er nichts Neues lehre, sondern dass er lediglich dieselbe Wahrheit verkünde, die auch schon Paulus im Neuen Testament und nach ihm der Kirchenvater Augustinus verkündeten. Auch der Ruf nach grundsätzlichen Kirchenreformen war 1517 schon lange nicht mehr neu. Auf dem Konzil in Konstanz 1415 wurde Jan Hus als Ketzer verbrannt; als Luther sich näher mit Hus beschäftigte, meinte er, dass Hus auch nichts anderes gelehrt habe als er selbst. Jan Hus, dessen Nachname das tschechische Wort für »Gans« ist, soll auf dem Scheiterhaufen gerufen haben: »Heute bratet ihr eine Gans, aber in hundert Jahren wird ein Schwan aufstehen!« Luther wurde oft auf Bildern mit einem Schwan dargestellt, weil er sein Auftreten als die Erfüllung dieser Prophezeiung und sich selbst als den Vollender von Hus' Gedanken verstand.[24] Luthers 95 Thesen waren aus dieser Perspektive nicht viel mehr als der Tropfen, der das Fass zum Überlaufen brachte, oder der Funke, der das längst schon Bereitliegende in Brand setzte.

Abb. 3: Luther mit dem Schwan: Kupferstich, um 1620, aus:
Biblia . . . Goslar: Johann Vogt, 1620.

Ein solcher Funke zu sein, reicht aber manchmal aus, um zu einem epochalen weltgeschichtlichen Ereignis zu werden. Für die Zeitgenossen Luthers war jedenfalls sehr bald klar, dass das Jahr 1517 den Beginn der Reformation markierte. Luther selbst hat, wie gesagt, bereits mit nur zehn Jahren Abstand den 31. Oktober 1517 als die entscheidende Wegmarke gefeiert. Auch danach hat Luther immer wieder auf den Ablassstreit von 1517 als dem Auslöser der Reformation Bezug genommen. Dasselbe gilt für Luthers wichtigsten Mitstreiter Philipp Melanchthon. In dieser Frage herrschte im 16. Jahrhundert sogar seltene überkonfessionelle Einigkeit. 1550 nennt der reformatorische Wittenberger Theologe Johannes Stoltz 1517 das »Annus restauratae religionis«[25], das »Jahr der Erneuerung des Glaubens«. Und schon 1535 schreibt ein unbekannter katholischer Autor in einem Bericht über die Anfänge der Reformation: »Von der Zwispaltung so sich des Glaubens und Religion halben im 1517. jar in Teutscher Nacion hat angefangen.«[26]

Die Auffassung, dass die Reformation 1517 begann, stand somit seit dem 16. Jahrhundert nahezu unerschütterlich fest. Seit dem 18. Jahrhundert kam die Überzeugung hinzu, dass 1517 nicht nur die Reformation, sondern mit ihr im Grunde die ganze Neuzeit beginne, dass 1517 ein echtes Epochenjahr sei, das Jahr nämlich, mit dem das Mittelalter endet und die Moderne anfängt. Diese Auffassung gab es in mehreren Varianten: einer lutherischen, tendenziell antikatholischen, nach der Europa erst in der Reformation geistig zu sich selbst gekommen sei; einer katholischen, tendenziell antiprotestantischen, nach der Europa durch die Reformation seine Seele verloren habe;

und einer aufklärerischen, tendenziell antikirchlichen, nach der erst die Reformation dem Kontinent Freiheit und Vernunft gebracht habe. Auch Kombinationen dieser Varianten waren denkbar, etwa wenn im 19. Jahrhundert Johann Wolfgang von Goethe in einer Mischung aus Luthertum und Aufklärung schrieb: »Wir wissen gar nicht, (…) was wir Luthern und der Reformation im allgemeinen alles zu danken haben. Wir sind frei geworden von den Fesseln geistiger Borniertheit, wir sind infolge unserer fortwachsenden Kultur fähig geworden, zur Quelle zurückzukehren und das Christentum in seiner Reinheit zu fassen. Wir haben wieder den Mut, mit festen Füßen auf Gottes Erde zu stehen und uns in unserer gottbegabten Menschennatur zu fühlen. Mag die geistige Kultur nun immer fortschreiten (…) und der menschliche Geist sich erweitern, wie er will – über die Hoheit und die sittliche Kultur des Christentums, wie es in den Evangelien schimmert und leuchtet, wird er nicht hinauskommen.«[27] Und der Philosoph Georg Wilhelm Friedrich Hegel meinte: »Erst mit Luther begann die Freiheit des Geistes.«[28]

In der Folge solcher Deutungen entwickelte sich der Thesenanschlag zu *der* mythischen Szene der Reformation. Eine durch Preußen geprägte nationale Erinnerungskultur der Reformation kam in Gang, die historischen Stätten wurden zu Museen und Pilgerorten, unter den entstehenden Lutherdenkmälern war auch die Thesentür der Wittenberger Schlosskirche, und auf Grafiken und Gemälden wurde der Thesenanschlag zu einem äußerst beliebten Bildmotiv. Selbst bei denjenigen mit Luther verbundenen Jubiläumsfeiern, die nicht den Thesenanschlag

Druck u.Verlag v.H.Oeser,Neusalza.

L.10.

Luther schlägt am 31. Oktober 1517 die 95 Thesen an die Thüre der Schlosskirche zu Wittenberg.

Abb. 4: Luthers Thesenanschlag 1: Anonym, Farbdruck aus: Martin Rade: Dr. Martin Luthers Leben, Thaten und Meinungen, Neuensalza: Oeser 1883.

Abb. 5: Luthers Thesenanschlag 2: Theodor Kaufmann, Langner, Stahlradierung, 2. Hälfte 19. Jahrhundert.

zum Anlass hatten, sondern beispielsweise Luthers 400. Geburtstag 1883, ging kaum ein Festredner am 31. Oktober 1517 vorbei. In Breslau zum Beispiel sprach zu diesem Anlass der Pfarrer Carl Meyer, und es klingt fast, als sei er dabei gewesen: »Unvergeßlicher Augenblick, da der Professor der Wittenberger Universität und der heiligen Theologie Doctor am Abend vor Allerheiligen an der Pforte der Kirche steht, die 5000 Reliquien hat und keine Bibel, und seine Theses über die Kraft der Ablässe anschlägt. Die Schläge des Hammers – sie treffen das Gewissen der Christenheit; Weckrufe sind's: Wach auf, wach auf, du Christenvolk, und erkenne, wohin du dich hast führen lassen – bis zum Ablaß, bis zur Sündenvergebung mit Geld; Mahnrufe sind's, die an die Thore des Palastes von Rom donnern. Statthalter Christi, was hast du aus der Kirche des Herrn gemacht! Ein Kaufhaus, einen Krämerladen.«[29]

1917, beim 400-jährigen Reformationsjubiläum, war die Auffassung vom Thesenanschlag als Markstein einer neuen Epoche längst popularisiert und wurde massenhaft in Büchern verbreitet: »Es gibt keinen herrlicheren Tag in der deutschen Geschichte als den 31. Okt. 1517. Licht, Sonne, ein neuer Frühling war dem deutschen Volk aufgegangen: Licht aus der Höhe, zu suchen und zu erkennen die Wahrheit; ein Weg, zu finden und zu ergreifen die Freiheit des Glaubens! Dichter haben diesen Tag besungen, Forscher und Gelehrte ihn als den Tag der Erlösung für Deutschlands Entwicklung gefeiert. Halten wir fest darum an diesem Tage, treten wir hin an ihm von neuem vor unseren Gott, an dem er uns einst unsere Wiedergeburt, die Reformation der deutschen Kirche und des deutschen Glaubens schenkte.«[30]

Abb. 6: Luthers Thesenanschlag 3: Karl Bauer, Ätzung nach Zeichnung, signiert, aus: Bildermappe fürs deutsche Haus, Stiftungsverlag Potsdam, zehnte Auflage 1917.

Die historische Reformationsforschung stützte diese Vorstellungen. Sie ging selbstverständlich davon aus, dass die zeitgenössischen Berichte über das, was am 31. Oktober 1517 geschehen war, zuverlässig waren. Kein einziger For-

Abb. 7: Luthers Thesenanschlag 4: Lovis Corinth, Lithografie in Kreidemanier, 1921.

scher zweifelte ernsthaft daran, dass Luther die Thesen tatsächlich an die Tür der Schlosskirche angeschlagen hatte. Der Kirchenhistoriker Heinrich Boehmer gab in seiner 1925 erschienenen Studie »Der junge Luther« eine

Schilderung des Thesenanschlags, die als Forschungskonsens gelten konnte und in der er die verschiedenen zeitgenössischen Quellen zu einer Version des Geschehens zusammenfasste: »Und da gerade jetzt wieder das große Ablaßfest der Schloßkirche (1. November) in Sicht war, so beschloß er seine Bedenken, Zweifel und kritischen Erwägungen über die Ablaßfrage jetzt noch etwas schärfer in einigen Thesen zusammenzufassen, diese Thesen als Plakat drucken zu lassen und dann durch dies Plakat in der damals üblichen Weise, nämlich durch Anschlag an eine Kirchtür, die Mitglieder der Universität zu einer öffentlichen Disputation über die Heilkraft der Ablässe einzuladen. Er fühlte aber wohl, daß er damit etwas unternahm, was ihn in allerlei schwere Verwicklungen verstricken konnte. Daher warf er sich, ehe er ans Werk ging, erst zu Boden, um Gott die Sache vorzulegen. Dann verfaßte er das Plakat und ließ es bei Johann Grunenberg drüben an der Straße drucken. Keinem seiner Freunde und Kollegen sagte er aber etwas von seinem Vorhaben. Keinem zeigte er auch vorher das Plakat mit den 95 Thesen über die Heilkraft der Ablässe. Niemand in Wittenberg ahnte daher, was er im Schilde führte, als er am 31. Oktober 1517 Sonnabend vor Allerheiligen, mittags kurz vor zwölf Uhr nur von seinem Famulus Johann Schneider gen. Agricola aus Eisleben begleitet, vom Schwarzen Kloster nach der etwa eine Viertelstunde entfernten Schloßkirche ging und dort an der nördlichen Eingangstür, die vor den großen Festen schon oft zu dem gleichen Zwecke benutzt worden war, das Plakat mit den 95 Thesen anschlug.«[31]

Seit der Mitte des 20. Jahrhunderts kamen solche Darstellungen allerdings aus der Mode. Es änderte sich etwas an der Art und Weise, wie man in Deutschland öffentlich mit Geschichte umging. Eine Kultur der Entmythologisierung machte sich in den Geistes- und Kulturwissenschaften bemerkbar. In der Theologie wurde Rudolf Bultmann zum prominentesten Befürworter einer »Entmythologisierung«[32] des Christentums. Bultmann argumentierte für eine »existentiale« Interpretation der Bibel, weil eine wörtliche Interpretation nach 150 Jahren historischer Bibelkritik nicht mehr möglich sei: »Man kann nicht elektrisches Licht und Radioapparat benutzen, in Krankheitsfällen medizinische und klinische Mittel in Anspruch nehmen und gleichzeitig an die Geister- und Wunderwelt des Neuen Testaments glauben.«[33]

In den Kulturwissenschaften der Bundesrepublik wurden die historischen Mythen in Zweifel gezogen und »dekonstruiert«. Die Reformationsforschung stellte die beiden bekanntesten unter den mythischen Lutherszenen – Thesenanschlag und Wormser Auftritt – in ihrem historischen Tatsachengehalt in Frage, vor allem aber wurde versucht, diese Szenen durch kontrastierende Deutungen ihrer mythischen Qualität zu berauben: Luther habe mit den Thesen die Kirche gar nicht herausfordern wollen, und er habe die Thesen wahrscheinlich auch gar nicht angeschlagen; auf dem Wormser Reichstag 1521 sei Luther ängstlich und schüchtern gewesen und habe den berühmten Satz »Hier stehe ich, ich kann nicht anders« in Wirklichkeit gar nicht gesagt.[34] Das Programm lautete: Historisierung statt Aktualisierung, Nüchternheit statt Mythos, distanzierte Wissenschaftlichkeit statt geschichtspolitische Selbstvergewisserung. Die Lutherausstellung im Germanischen Nationalmuseum in Nürnberg 1983 unter der Leitung von Bernd Moeller verfolgte ganz in diesem Sinne ausdrücklich das Ziel, dem Publikum vor Augen zu führen, dass Luthers Zeit »eine uns sehr fremde Zeit«[35] gewesen sei.

Über dieses Anliegen entspann sich eine – unveröffentlicht gebliebene und daher lange unbekannte – Auseinandersetzung zwischen Hartmut Boockmann als Mitglied des Wissenschaftlichen Vorbereitungskomitees der Nürnberger Ausstellung und Günther Gillessen, Redakteur der *Frankfurter Allgemeinen Zeitung*.[36] Gillessen bemängelte die distanzierte Art, mit der die Ausstellung den historischen Gegenstand behandele. Die Religion zu Luthers Zeit werde präsentiert, als ob man es mit der »Kultur der Samoaner« zu tun habe. Boockmann verteidigte dagegen die wissenschaftlich-nüchterne Distanz der Ausstellung gegenüber ihrem historischen Gegenstand, gehe es doch gerade darum, die Fremdheit des 16. Jahrhunderts deutlich werden zu lassen. Gillessen erwiderte, die Distanz der Ausstellung habe sich aber leider nicht »auf den Abstand des Forschers zu seinem Gegenstand« beschränkt, sondern die Kuratoren hätten es offenbar darauf angelegt, »den Betrachter in diese Eiseskühle der Unbeteiligtheit zu versetzen (…). Zuviel Distanz bedeutet auch Entwertung und Entwürdigung (…). Soll vorhandene oder unterstellte Fremdheit des Publikums zum Gegenstand sich lösen können oder soll es sich in Ver- oder gar Entfremdung steigern? (…) Und ist es nicht auch eine Bedingung historischer Forschung, daß der Forscher die Distanz nicht nur halten können muß, sondern auch aufgeben: daß er sich selbst in andere versetzen [kann] – die Grundlage allen Verstehens? Wie ›fremd‹ also darf eine Ausstellung über eine der großen religiösen Entscheidungen in Europa für das Publikum ausfallen?«

In der Tat ist hier ein entscheidendes Problem angesprochen. Denn jede Beschäftigung mit Luther in dem ausdrücklichen Bestreben, die bekannten Mythen zu bekämpfen, zu ignorieren oder zu konterkarieren und stattdessen einen historischen, einen fremden, einen »wissenschaftlichen« Luther zu präsentieren, muss sich über zwei Schwierigkeiten bewusst sein: Erstens hat *jede* Deutung, auch die vom »fremden« Luther, in ihrer Tendenz zu narrativer und bildhafter Verdichtung mythische Züge. Der Versuch einer Entmythologisierung Luthers kommt also in der Regel auch nicht um den Mythos Luther herum, sondern ersetzt nur den einen Mythos durch einen anderen. Zweitens zeigt die Kritik Gillessens, dass eine im Namen wissenschaftlicher Objektivität und Distanz auftretende Deutung Luthers als eines uns fremden Menschen des 16. Jahrhunderts vor der ernsten Gefahr steht, jedes öffentliche Interesse zu verspielen. Ein anderer Rezensent der Nürnberger Lutherausstellung urteilte 1983, diese Gefahr auf den Punkt bringend: »Nicht Objektivität ist das Ergebnis, sondern Langeweile.«[37] Die Entmythologisierung Luthers scheint eine Sackgasse zu sein.

Tatsächlich haben manche Historiker schon früh vor der »Billigkeit der Mythenverachtung«[38] gewarnt und darauf hingewiesen, dass die Kultur der Entmythologisierung dem Mythos gar nicht gerecht werde. Die jüngeren Ansätze der Kultur-, Ideen- und Symbolgeschichte bieten längst genug Raum, um konstruktiv mit dem Mythos umzugehen, ihn als bildhafte Verdichtung historischer Ereignisse zu verstehen und ihn als didaktische Chance zu begreifen.[39] Längst ist klar, dass kein einziger deutender Umgang mit Geschichte um den Mythos herumkommt. Wer Geschichte vermitteln will, muss Geschichten erzählen. Eine Entmythologisierung im strengen Sinne würde nicht nur den Mythos, sondern auch die Geschichte abschaffen. Glücklicherweise zeichnet sich bereits das Ende der Entmythologisierung ab, und damit bietet sich die Chance, sowohl reflektierter als auch entspannter mit den mythischen Deutungen der Geschichte umzugehen.

Der Mythos vom Thesenanschlag bleibt allerdings in der historischen Forschung unbeliebt. Denn er passt nicht mehr zu den gängigen Generaldeutungen der Reformation. Hob man in der älteren Forschung den epochalen Einschnitt hervor, den die Reformation bedeutete, so betont man heute eher die Kontinuitätslinien, das, was Mittelalter und Frühe Neuzeit miteinander verbindet. Die Reformation erscheint dann nicht als Bruch, sondern als Transformation.[40] Dazu passt es, keine starken Szenen und plötzlichen Aufbrüche haben zu wollen; dazu passt es, zu behaupten, dass Luther nicht aufgrund eines einmaligen Gewittererlebnisses ins Kloster ging, sondern erst nach langen Überlegungen; dazu passt es, dass es kein »Turmerlebnis« gab, sondern einen allmählichen Prozess theologischer Erkenntnis; und dazu passt es, dass kein Thesenanschlag stattfand. Denn der Thesenanschlag ist ein eindrückliches und einprägsames Bild für den mutigen, gegen die römische Kirche aufbegehrenden Luther; wird man dieses Bild nicht los, ist es schwer, die Deutung zu verankern, dass die Reformation kein Bruch, sondern ein Übergang gewesen ist. Und selbst diejenigen, die an der Faktizität des Thesenanschlags festhalten, lehnen in der Regel den damit verbundenen Mythos ab, denn sie glauben nicht mehr daran, dass es sich um einen absichtlich rebellischen Akt Luthers handelte, sondern deuten den Thesenanschlag als im Grunde ganz und gar regulären Vorstoß eines Theologieprofessors, im Rahmen seiner unbestrittenen Befugnisse eine akademische Diskussion über ein dogmatisch noch nicht festgelegtes Thema in Gang zu bringen.[41]

Die Frage ist daher nicht, ob die Erzählung vom Thesenanschlag ein Mythos ist. Sondern die Frage ist, ob sie ein gelungener Mythos ist, eine adäquate bildhafte Verdichtung dessen, was tatsächlich am 31. Oktober 1517 geschah. Um diese Frage zu beantworten, muss geklärt werden, ob das, was wir über die 95 Thesen Luthers sicher wissen, mit der Erzählung vom Thesenanschlag als dem Beginn der Reformation vereinbar ist. Hatten die 95 Thesen für Luther selbst eine wichtige, ja eine zäsurhafte Bedeutung? Passt der Inhalt der Thesen eigentlich zu der Vorstellung, Luther habe mit ihnen die römische Kirche herausgefordert? Und natürlich: Erlauben uns die Quellen eine zuverlässige Aussage darüber, ob Luther die 95 Thesen tatsächlich an die Tür der Wittenberger Schlosskirche angeschlagen hat oder nicht? Wir werden zeigen, dass man alle diese Fragen mit Ja beantworten kann.

2 Was steht eigentlich in den Thesen?

Martin der Befreite

Wie schon erwähnt, war man sich bereits im 16. Jahrhundert lagerübergreifend einig, dass die Reformation im Jahr 1517 begann. Luther selbst war sich sehr früh der hohen Bedeutung des 31. Oktober 1517 bewusst: Nur zehn Jahre nach dem Ereignis beging er zu dessen Gedächtnis eine kleine private Feier.[42]

Vielleicht kommt man zeitlich sogar noch näher an Luthers mit den Ablassthesen verknüpftes Selbstverständnis heran, und zwar bis an den 31. Oktober 1517 selbst. Eine Sache geschah an diesem Tag, die von niemandem, ob nun Gegner oder Befürworter des Thesenanschlags, bezweifelt wird: Am 31. Oktober 1517 schrieb Luther einen Brief[43] an den Erzbischof von Mainz und Bischof von Magdeburg, Albrecht von Brandenburg, und legte die 95 Thesen bei. Der Brief ist ein »Dokument des Mutes«[44], denn Luther ging seinen kirchlichen Vorgesetzten zwar im Ton höflich, aber in der Sache scharf an: Er kritisierte die Ablasspraxis, die dahin geführt habe, den Leuten den falschen Glauben einzuimpfen, mit dem Erwerb eines Ablassbriefes könne man sich das ewige Heil erwerben. Die eigentliche Aufgabe der Bischöfe sei es doch aber, dafür zu sorgen, »dass das Volk das Evangelium und die Liebe Christi lerne«. Luther kritisierte ausdrücklich die von Albrecht herausgegebene Instruktion für Ablassprediger, die »Instructio summaria«[45], weil diese genau solchen Irrglauben fördere, und forderte, das Buch aus dem Verkehr zu ziehen.

Noch bedeutsamer als der Inhalt des Briefes ist aber Luthers Unterschrift: »Euer unwürdiger Sohn Martinus Luther, Augustiner, berufener Doktor der heiligen Theologie«. Das Entscheidende ist hier der Nachname. Denn »Luther« war nicht Luthers ursprünglicher Nachname. Die Familie hieß eigentlich »Luder«, und diese Namensform, manchmal in Varianten wie »Ludher«, benutzte Luther üblicherweise. Bis zum 31. Oktober 1517. An diesem Tag unterzeichnete er erstmals einen Brief mit der Namensform »Luther« und behielt diese Namensform ab sofort bei, ausnahmslos in seinen wissenschaftlichen Werken, fast ausnahmslos in seinen Briefen.[46] Wieso änderte Luther seinen Namen? Vermutlich spielte es eine Rolle, dass »Luder« als niederdeutsche Wortform identifiziert wurde, was in Wittenberg negativ besetzt war. »Luther« war dagegen eine hochdeutsche Namensform, die der sächsischen Kanzleisprache entsprach. Hinzu kam, dass Luther mit der Namensänderung das Anrüchige loswurde, das dem Wort »Luder« bereits damals anhaftete.[47]

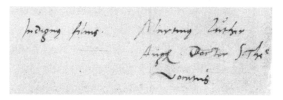

Abb. 8: »Martinus Luther«: Unterschrift Luthers auf dem Brief an Albrecht von Brandenburg, 31. Oktober 1517. Riksarkivet Stockholm, Foto: Emre Olgun.

Besonders interessant ist, dass Luther fast gleichzeitig mit der Namensänderung von Luder zu Luther in Briefen an humanistisch gebildete Vertraute noch eine weitere Namensform verwendete: »Eleutherius«, die latinisierte Fassung des altgriechischen »Eleutheros«.[48] Übersetzt heißt das so viel wie »der Befreite«. Diese Namenswahl kann man nur so deuten, dass Luther sich befreit fühlte: befreit von seiner Angst, vor Gott nicht bestehen zu können, befreit von seinem zwanghaften Wunsch, durch Beichte und Bußübungen Gottes Wohlwollen zu erwirken, befreit durch seine existenzielle Wiederentdeckung der Botschaft des Evangeliums von der Rechtfertigung des Sünders durch Gottes Gnade. Die erste erhaltene »Eleutherius«-Unterschrift stammt vom 11. November 1517, aus einem Brief an Georg Spalatin. Keine zwei Wochen nach dem Thesenanschlag also nannte Luther sich selbst gegenüber seinen Freunden »der Befreite«. Alles spricht dafür, dass es die Veröffentlichung der 95 Thesen war, die Luther als den entscheidenden Befreiungsschlag empfand, jener am 31. Oktober 1517 vollzogene mutige Schritt, seine theologischen Entdeckungen publik zu machen.

Wie kommt man dann aber überhaupt auf die Idee, dieser Tag sei in Wirklichkeit gar nicht so entscheidend gewesen? Drei Gründe werden dafür angeführt: Erstens sei der Ablass für Luther eigentlich nur ein Nebenthema gewesen, viel wichtiger sei ihm die grundsätzliche Frage nach Gottes Gnade und der Rechtfertigung des Sünders gewesen. Dies erkenne man nicht zuletzt daran, dass die beiden Disputationen, die infolge der 95 Thesen mit Luthers Beteiligung stattfanden, 1518 in Heidelberg und

1519 in Leipzig, den Ablass schon gar nicht mehr zum Thema hatten. Stattdessen ging es in Heidelberg um Sünde und Gnade, in Leipzig um die Frage nach der verbindlichen Autorität in Glaubensfragen. Zweitens seien die 95 Thesen ihrem Inhalt nach noch gar nicht »reformatorisch«. Luther betone zwar die Notwendigkeit der Gnade Gottes und der Reue des Sünders, ohne die auch kein Ablassbrief wirke. Aber wesentliche Grundauffassungen der Reformation fehlten in den 95 Thesen, vor allem die Alleingeltung der Heiligen Schrift (sola scriptura), die Luther erst ab 1519 vertrete, und die Idee des Priestertums aller Getauften, die erstmals 1520 von ihm geäußert wurde. Der entscheidende »reformatorische Durchbruch«, so die Behauptung, komme bei Luther also offensichtlich erst nach 1517. Drittens präsentiere sich Luther in den 95 Thesen überhaupt nicht als Kirchenstürmer und Reformator, sondern als treuer Sohn seiner Kirche und treuer Diener des Papstes. Sogar den Ablass verteidige Luther in These 71: »Wer gegen die Wahrheit der apostolischen Ablässe redet, der soll gebannt und verflucht sein.«[49] Die Reformation könne daher am 31. Oktober 1517 gar nicht begonnen haben, weil Luther weder inhaltlich noch kirchenpolitisch zu diesem Zeitpunkt ein Reformator gewesen sei.

Alle diese Argumente sind nicht ganz falsch, aber auch nicht ganz richtig.

Angriff auf den Ablass

Beginnen wir mit der Behauptung, die Ablassfrage sei ein theologisches Nebenthema, das für die Reformation und auch für Luther selbst gar keine herausgehobene Bedeutung gehabt habe. In systematischer Hinsicht mag das stimmen, in kirchenpolitischer Hinsicht aber nicht und auch nicht im Hinblick auf die gelebte Frömmigkeit des 16. Jahrhunderts. Ganz anders als für das heutige Europa gilt nämlich für das Europa des 15. und 16. Jahrhunderts, dass dies die vermutlich frömmste Epoche aller Zeiten gewesen ist. Allgemein verbreitet war die Sehnsucht nach ewigem Heil und die Furcht vor ewiger Verdammnis, und die Kirche war diejenige Institution, die das Heil verwaltete, indem sie die Gnadenmittel bereitstellte, mit denen man das ewige Heil erlangen konnte.

Für die Gläubigen dieser Zeit war damals klar, dass nur ein kleiner Teil der Menschheit am Ende der Welt beim Jüngsten Gericht zu den Gerechten gezählt werden würde und Einlass ins Paradies erhielte. Die Mehrzahl der Menschen, so war man überzeugt, käme für ihre Sünden in die Hölle, es sei denn, die Sünden würden ihnen rechtzeitig vergeben. Sowohl Gott als auch Christus stellten sich die Gläubigen im frühen 16. Jahrhundert als Figuren vor, die einem nicht sonderlich wohlgesonnen waren: Gott-Vater als strenger Gesetzgeber, Gott-Sohn als strenger Richter, der das Fehlverhalten der Menschen unerbittlich bestraft. Gott war jemand, vor dem man sich fürchtete und vor dem man Schutz suchte. Viel bereitwilligere Anbetung erfuhren die Heiligen, also diejenigen Verstorbenen, die ein rundum gottgefälliges Leben geführt hatten. Durch ihre guten Werke, so lehrte die Kirche, hatten sie einen Schatz im Himmel angesammelt, und diesen Schatz konnte die Kirche an die Gläubigen austeilen. Die Heiligen standen auf diese Weise als Vermittler zwischen Gott und dem Menschen: als freundliche Fürsprecher, die bei Gott für die Sünder ein gutes Wort einlegten. Am wirksamsten funktionierte die Verehrung der Heiligen über das Medium der Reliquien, den Überresten der Heiligen, die man für authentisch erklärte und deren Anbetung – normalerweise verbunden mit einer Geldspende – zum Erlass der Sündenstrafe führen konnte. Die Sündenvergebung geschah einerseits noch zu Lebzeiten der Gläubigen, andererseits war dies auch noch nach dem Tod möglich. Dann nämlich, so lehrte die Kirche, kämen diejenigen, deren Sünden noch nicht vollständig hatten vergeben werden können, in das Fegefeuer, eine Art Zwischenzustand zwischen Paradies und Hölle, in der die Seele von der verbliebenen Sündenlast gereinigt werde (daher der ganz konkret gemeinte Name Fegefeuer) und anschließend ins Paradies eintreten könne.

Dieser Zustand konnte von Fall zu Fall allerdings sehr lange andauern; umso wichtiger war es für die Gläubigen, dass ihnen ihre Sünden noch zu Lebzeiten vergeben würden. Dazu gab es das Sakrament der Buße: Der Gläubige musste seine Sünden bereuen und sie einem Priester beichten. Dieser erteilte die Absolution und legte dem Gläubigen eine der Sünde angemessene Bußleistung auf. Als Bußleistungen kamen fromme Werke infrage, normalerweise Gebete, Wallfahrten oder Almosen für die Armen. Mit der Zeit wurde es daneben üblich, dass auch die Zahlung einer Geldsumme akzeptiert wurde, für die man einen Ablassbrief erhielt. Mit dem Brief konnte man anschließend zu einem Priester gehen, der daraufhin die Absolution erteilen musste.

Führt man sich diesen Zusammenhang vor Augen – und berücksichtigt zudem, dass es 1517 bereits seit langer Zeit Beschwerden über kirchliche Missstände gab –, dann wird klar, dass der Ablass alles andere als ein Nebenkriegsschauplatz für Luther gewesen ist. Ganz im Gegenteil: Kritik am Ablass zielte auf das Zentrum der Kirche, nämlich ihre exklusive Befugnis, das Heil zu verwalten. In Wirklichkeit war die kirchliche Ablasspraxis zudem ein genialer Anknüpfungspunkt, mit dem Luther all die schon lange und vielfach beklagten Missstände der Kirche wie in einem Brennglas zusammenfassen und im Licht seiner theologischen Entdeckung anprangern konnte. Alle Probleme, alle steckengebliebenen Reformen der Kirche schienen hier zusammenzukommen: die teilweise skandalöse Lebensführung der Geistlichkeit, da der Petersablass für Albrecht von Brandenburg überhaupt erst wegen seiner eigentlich verbotenen Ämterhäufung (zwei Bischofstitel!) und der damit verbundenen Geldzahlung an den Papst nötig wurde; die Tendenz zu einer Veräußerlichung, ja Quantifzierung des Glaubens, da die Ablassprediger suggerierten, die Vergebung der Sünden allein durch eine Geldzahlung anbieten und zudem genau bezifferbare Strafnachlässe erteilen zu können; die verbreiteten theologischen Unsicherheiten, weil der Ablass dogmatisch noch nicht festgelegt war; die päpstliche Prunksucht, weil

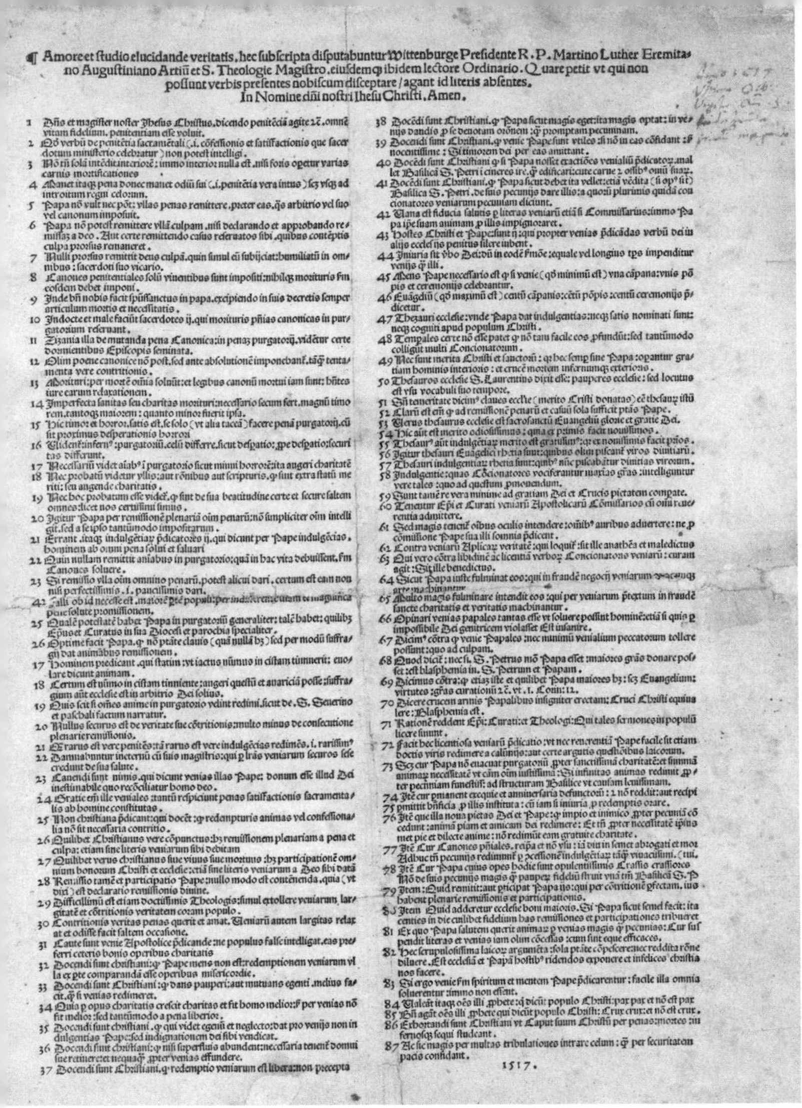

Amore et studio elucidande veritatis, hec subscripta disputabuntur Wittenburge Presidente R. P. Martino Luther Eremitano Augustiniano Artiū et S. Theologie Magistro, eiusdemq; ibidem lectore Ordinario. Quare petit vt qui non possunt verbis presentes nobiscum disceptare / agant id literis absentes. In Nomine dn̄i nostri Ihesu Christi. Amen.

1517.

Abb. 9: Luthers 95 Thesen. Druck: Jacob Thanner, Leipzig 1517. Geheimes Staatsarchiv Preußischer Kulturbesitz (abgekürzt GStA PK), I. HA Geh. Rat. Rep. 13 Religionsstreitigkeiten im Reich, Nr. 4–5 a, Fasz. 1.

der Ablass zur Aufbesserung des kurialen Haushalts benutzt wurde. Vor dem Hintergrund gestiegener Ansprüche an die Kirche und einer damit verbundenen kritischen Haltung ihr gegenüber sowie vor dem Hintergrund eines politischen Europas im »Umbruch«[50] konnte es kaum einen besseren Ansatzpunkt als die kirchliche Ablasspraxis geben, um mit einer grundsätzlichen Kirchenkritik Gehör zu finden.

Wo ist das Reformatorische in den Thesen?

Aber handelt es sich bei den 95 Thesen überhaupt um Grundsatzkritik? Steckt in ihnen schon irgendetwas von jener reformatorischen Theologie, die Luther später den römischen Theologen so vehement entgegenstellen und für die er Anfang 1521 exkommuniziert werden sollte? Wo ist in den Thesen die alleinige Geltung der Bibel, wo das egalitäre Prinzip des Priestertums aller Getauften, wo die Kirche als Gemeinschaft der Heiligen statt als Heilsanstalt? Wie kann Luther am 31. Oktober 1517 Reformator gewesen sein, wenn er in These 71 sogar die »Wahrheit der apostolischen Ablässe«[51] verteidigte und deren Infragestellung mit dem Kirchenbann beantwortet wissen wollte?

Bei der letzten Frage hilft ein Blick in These 72: »Wer aber seine Aufmerksamkeit auf die Willkür und Frechheit in den Worten eines Ablasspredigers richtet, der soll gesegnet sein.«[52] Das bedeutete im Klartext: Luther gestand der Kirche zwar das Erteilen von Ablässen zu, aber nicht im Sinne der Ablassprediger, die entgegen der Lehre des

Evangeliums predigten, die also zum Beispiel behaupteten, dass man auch ohne Reue Sündenvergebung bekommen könne. Diese Idee war tatsächlich ein Hauptmotiv für den Kauf von Ablassbriefen. Wenn man sie verwarf, blieb vom Ablass nur noch übrig, dass Christen anstelle bestimmter von der Kirche auferlegter Bußleistungen – etwa Fasten oder Wallfahren – auch einen Ablassbrief erwerben und sich somit von den Bußleistungen freikaufen konnten. Überhaupt machte Luther in den Thesen klar, dass die Kirche nur solche Strafen erlassen könne, die sie auch selbst auferlegt habe. Die Idee, man könne die Seelen im Fegefeuer mit Hilfe eines Ablassbriefes erlösen, lehnte Luther scharf ab. In These 27 spielte er ausdrücklich auf ein Zitat an, das in diesem Zusammenhang dem Ablassprediger Johann Tetzel zugeschrieben wurde: »Menschenlehre [also: falsch] predigen diejenigen, die sagen, dass die Seele (aus dem Fegefeuer) emporfliege, sobald das Geld im Kasten klinge.«[53]

Den Ablass ließ Luther also zwar nominell gelten, aber gleichzeitig ließ er nichts davon übrig, abgesehen davon, dass die Kirche die Strafen, die sie selbst dem Gläubigen auferlegt habe, auch durch Ablass erlassen könne. Für die Frage der himmlischen Seligkeit hatte der Ablass nach Luthers Thesen keinerlei Bedeutung. In These 36 fasste Luther das für ihn Entscheidende zusammen: »Jeder Christ, der wahrhaft bereut, erlangt vollständigen Erlass von Strafe und Schuld, die ihm auch ohne Ablassbrief zukommt.«[54]

Dieser Satz hat es in sich. Denn in ihm steckt mehr als nur eine Kritik an der skandalösen Ablass*praxis*, über die sich die meisten Theologen im 16. Jahrhundert ganz einig waren. Kein ernstzunehmender Theologe hätte Luther widersprochen, wenn dieser darauf beharrte, dass es ohne Reue auch keinen Straferlass geben könne. Luther ging hier aber noch einen entscheidenden Schritt weiter, indem er die Behauptung aufstellte, die Reue reiche zur Vergebung der Sünden auch vollkommen aus. Diese Auffassung war nicht mit dem kirchlichen Bußsakrament zu vereinbaren, nach dem der Sünder erstens bereuen, zweitens einem Priester beichten und drittens eine Bußleistung erbringen musste, um die Absolution zu erhalten. Luther schien nun zu sagen: Zur Buße gehört in Wirklichkeit nur ein Einziges, nämlich die Reue. Und wenn du nur wahrhaft bereust, dann hast du bereits die Vergebung. Den Priester hat Luther damit aus der Gleichung gestrichen; er ist für die Vermittlung des Heils anscheinend nicht mehr nötig.

Ob Luther das am 31. Oktober 1517 tatsächlich schon so meinte, ist hoch umstritten. Die meisten Forscher halten es für unwahrscheinlich, zumal Luther in These 3 betonte, dass jede wahre Reue auch immer zu konkreten Bußleistungen, zur »Abtötung des Fleisches«[55] führe. Aber auch dafür ist nicht unbedingt ein Priester nötig. In These 2 erklärte er zwar, dass seine Argumentation sich nicht auf das vom Priester vollzogene Bußsakrament beziehe, aber gerade das scheint doch eine prophylaktische Absicherung gegen entsprechende Kritik zu sein, weil ihm klar war, dass die Thesen letztlich auf die Infragestellung des Bußsakraments hinausliefen. Ob Luther sich dieser möglichen Konsequenz aus seinen 95 Thesen nun selbst bewusst war oder nicht: In den Thesen steckt bereits ein wesentlicher Gedanke von Luthers reformatorischer Botschaft, nämlich dass der Glaube im Kern – und damit auch im Bußgeschehen – ein unmittelbares Geschehen »zwischen Gott und Mensch, ohne jede priesterliche Vermittlung«[56] ist. Luther war überzeugt, dass es auf das Innere ankommt, nicht auf das Äußere, auf den Glauben, nicht auf das Werk. Diese Auffassung war tief in der mystischen Tradition des Mittelalters verwurzelt – ab dem 31. Oktober 1517, mit konkretem Bezug auf die Ablassfrage und mit genügend Verve vorgetragen, wurde sie kirchensprengend.

Das heißt: Auch wenn Luther in den 95 Thesen noch kein reformatorisches Schriftprinzip formulierte und auch noch kein Priestertum aller Getauften, so war mit seiner Betonung der Gnade Gottes und der Reue des Sünders doch bereits das angelegt, was in der theologischen Fachsprache Rechtfertigungslehre heißt und den Kern der reformatorischen Botschaft Luthers bildet. Und es war bereits die fundamentale Infragestellung des Selbstverständnisses der spätmittelalterlichen Kirche angelegt, Heilsanstalt zu sein und damit den Kontakt zu Gott exklusiv zu vermitteln.

Luthers Papstkritik

Wie sieht es nun mit Luthers Verhältnis zu Rom aus? War er Ende 1517 noch ein treuer Diener des Papstes, wie mancher aus den 95 Thesen schlussfolgert, und wurde erst später zu dessen erbittertem Feind? Aus dem bereits erwähnten Brief Luthers an Albrecht vom 31. Oktober 1517 geht hervor, dass Luther so ganz ohne rebellischen Geist gegen seine kirchlichen Oberen nicht gewesen sein kann. Aber zugegeben: Wer die 95 Thesen in der Erwartung liest, einem stürmischen Revolutionär zu begegnen, kann sich nur wundern über die Bravheit Luthers. Er stellte sich tatsächlich als treuen Sohn seiner Kirche und seines Papstes dar und nahm diesen ausdrücklich gegen die falschen Ablassprediger in Schutz. In These 50 schrieb Luther, vor dem Hintergrund, dass die Ablasskampagne Albrechts auch der Finanzierung des Petersdoms diente: »Wenn der Papst das Geldeintreiben der Ablassprediger kennte, wäre es ihm lieber, dass die Basilika des Heiligen Petrus in Schutt und Asche sinkt, als dass sie erbaut wird aus Haut, Fleisch und Knochen seiner Schafe.«[57] Die Argumentation scheint klar: Nicht der Papst ist schuld, sondern diejenigen, die in seinem Namen zu sprechen vorgeben und ohne sein Wissen Schindluder treiben.

Wenn man sich aber einmal genauer ansieht, was Luther in den 95 Thesen im Hinblick auf den Papst zu sagen hat, dann erscheinen Sätze wie die These 50 doch eher wie ein taktisches Ablenkungsmanöver. Nehmen wir These 5: »Der Papst will und kann nicht irgendwelche Strafen erlassen, außer denen, die er nach dem eigenen oder nach dem Urteil von Kirchenrechtssätzen auferlegt hat.«[58] Damit stellte sich Luther in aller Deutlichkeit gegen die in Rom als selbstverständlich geltende Auffassung, dass der Papst auch über das Jenseits Macht habe, dass er nämlich die Strafe der Seelen der Verstorbenen im Fegefeuer reduzieren oder ganz erlassen könne. In These 26 stellte Luther klar, dass der Papst – wie es übrigens auch der gängigen Ablasslehre entsprach – nicht durch Befehl, sondern nur durch Fürbitte auf die Seelen im Fegefeuer Einfluss nehmen könne. Luther erinnerte an diesen Sachverhalt, um deutlich zu machen, dass es keinerlei Sicherheit gebe, dass die Fürbitte des Papstes von Gott auch angenommen werde.

Nach kirchlicher Auffassung hatten die Heiligen durch ihre guten Werke einen Schatz im Himmel angesammelt, und diesen Schatz konnte die Kirche an die Gläubigen austeilen, mit Hilfe des Bußsakraments und eben auch mit Hilfe von Ablassbriefen. Diese Auffassung stellte Luther infrage, wenn er in These 56 schrieb: »Die Schätze der Kirche, aus denen der Papst die Ablässe austeilt, sind weder genau genug bezeichnet noch beim Volk Christi erkannt worden.«[59] Dass es sich bei den kirchlichen Schätzen um die Verdienste der Heiligen handle, lehnte Luther in These 58 ganz explizit ab. Christus und die Heiligen, so Luther, »wirken ohne Papst immer Gnade für den inneren Menschen«. In These 62 hielt Luther sein eigenes Verständnis des Kirchenschatzes fest: »Der wahre Schatz der Kirche ist das heilige Evangelium der Herrlichkeit und Gnade Gottes.«[60] Keine Wechselgeschäfte zwischen Diesseits und Jenseits, sondern den Gläubigen das Evangelium predigen: Darin erblickte Luther bereits in den 95 Thesen die eigentliche Aufgabe der Kirche.

Wenn er außerdem in einer ganzen Reihe von Thesen erklärte, was man die Christen lehren solle – nämlich dass den Armen geben und für den eigenen Haushalt sorgen besser sei als Ablässe erwerben, dass der Papst sich über Gebete mehr freue als über Geld, dass die päpstlichen Gnaden keine Heilssicherheit böten und dass der Papst alles für die Peterskirche bestimmte Geld den Gläubigen zurückgeben würde, wenn er wüsste, was die Ablassprediger trieben –, wenn Luther also klar benannte, was im Gegensatz zur aktuellen Praxis eigentlich nötig wäre, dann entwarf er damit zugleich auch das »Programm eines alternativen Papsttums«[61]. Und These 86 schließlich war unverkennbar polemisch, ja im Grunde populistisch gegen den reichen Papst im Namen des armen Volkes gerichtet: »Warum baut der Papst, dessen Reichtümer heute weit gewaltiger sind als die der mächtigsten Reichen, nicht wenigstens die eine Basilika des Heiligen Petrus mehr von seinen eigenen Geldern als von denen der armen Gläubigen?«[62]

Es mag daher sein, dass Luther in den folgenden Jahren, als er den Papst als Antichrist bezeichnete, noch einmal qualitativ über die Papstkritik der 95 Thesen hinausging. Aber ein treuer Sohn des Papstes war der Luther der 95 Thesen sicher nicht, ganz im Gegenteil.

Luther wusste, was er tat

Man sollte sich nicht davon täuschen lassen, dass Luther in den Thesen insgesamt eher vorsichtig und diplomatisch argumentierte. Was hätte er denn auch sonst machen sollen? Er war ja nicht dumm. Als kleiner unbekannter Mönch eine für jeden auf den ersten Blick ersichtliche

Ketzerei zu veröffentlichen, hätte nicht nur seinen sicheren Tod bedeutet; es hätte auch jeden Reformansatz im Keim erstickt. Außerdem: Luther konnte ja tatsächlich nicht wissen, ob Albrecht und seine Ablasshändler eigentlich mit dem Einverständnis Roms handelten oder nicht. Es war nicht nur geschickt, sondern es war auch fair, seinen Kirchenoberen die Gelegenheit zur Reaktion auf seine Ablasskritik zu geben. Dann wiederum war es aber unabdingbar, dass er diese Ablasskritik nicht harsch, sondern sachlich formulierte, vor allem in denjenigen Passagen, in denen er über die bloße Ablasskritik hinausging. Die Schnelligkeit, mit der Luther seine Ansätze zur Grundsatzkritik, wie sie in den Thesen stecken, radikalisierte – nämlich innerhalb von weniger als drei Jahren –, spricht jedenfalls dafür, dass der Schritt von den 95 Thesen zur Reformation ein sehr kurzer war.

Ein reiner Taktiker war der Luther der 95 Thesen dennoch nicht, dazu wagte er sich viel zu weit vor, und dazu ließ er sich dann doch punktuell auch zu sehr von seiner offenbaren Lust an der Polemik leiten. Nicht nur in den Ablassthesen, auch in Luthers Briefen aus dieser Zeit spricht »stets eine überschwängliche Entschlossenheit, seine Ansichten öffentlich zu machen«[63]. Insofern steckt wohl mindestens ebenso viel ehrliche Überzeugung wie taktisches Kalkül in Luthers 95 Thesen. Sicher ist jedenfalls, dass das, was Luther in den Thesen über die päpstlichen Machtbefugnisse schrieb, ganz anders war als das, was man im Vatikan über diese Frage dachte. Darüber hinaus war mit den 95 Thesen ohne Zweifel die argumentative Grundlage für einen Angriff auf das Bußsakrament

und damit für einen Angriff auf das Fundament der spätmittelalterlichen Kirche als Heilsanstalt gelegt. Ganz unabhängig von der Frage, wie viel Neues im strengen Sinn
in Luthers Thesen steckte, war damit der erste Schritt zum
Bruch vollzogen, wie die australische Historikerin Lyndal
Roper schreibt: »Das anfängliche Beharren auf der Bedeutung von Buße und Reue eröffnet eine völlig neue religi-
öse Perspektive, keine akademische Debatte, und sie [die
Thesen] schwellen zu einer immer gewaltigeren Anklage
des gesamten, auf dem Kalkül der Ablässe beruhenden
Systems der Frömmigkeit an.«[64] Über 175 Jahre vor Roper
kam der deutsche Historiker Leopold von Ranke zu einer
ganz ähnlichen Auffassung bezüglich der 95 Thesen: »Ein
Angriff, nicht von außen, wie man sieht, sondern aus der
Mitte der scholastischen Begriffe, bei welchem die Grund-
idee des Papstthums, von der Stellvertretung Christi
durch das Priesterthum und vor allem durch die Nach-
folge Petri, noch festgehalten, aber die Lehre von der Ver-
einigung aller Gewalt der Kirche in der Person des Papstes
eben so entschlossen bekämpft wird. Wenn man diese
Sätze liest, sieht man, welch ein kühner, großartiger und
fester Geist in Luther arbeitet. Die Gedanken sprühen ihm
hervor, wie unter dem Hammerschlag die Funken.«[65]

Fassen wir zusammen: Sowohl Luther als auch seine
Zeitgenossen sahen im Ablassstreit von 1517 den Beginn
der Reformation. Für Luther selbst war die entscheidende
Bedeutung der 95 Thesen offenbar unmittelbar evident, so
dass er an sie eine Namensänderung knüpfte und in
der unmittelbaren Folgezeit durch den humanistischen
Kampfnamen »Eleutherius« seine mit der Veröffentli-

chung der Thesen verbundene Befreiungserfahrung dokumentierte. In den Thesen selbst tritt einem zwar – selbstverständlich! – noch kein fertiger Reformator Luther entgegen, aber wesentliche reformatorische Ideen sind in ihnen enthalten, und vor allem richten sich die Thesen frontal gegen einen überzogenen Machtanspruch des Papstes und der Kirche.

Ein Thesenanschlag passt zu all dem. Das gibt indirekt sogar der erste und vehementeste Gegner des Thesenanschlags, Erwin Iserloh, zu, wenn er erklärt: »Ein Thesenanschlag am 31. Oktober wäre angesichts des Wallfahrtsbetriebs im Umkreis der Schlosskirche am Feste Allerheiligen ein öffentlicher Protest gewesen.«[66] Genau das war es, und genau das sollte es für Luther auch sein. Kein Wunder, dass man in Rom nicht amüsiert reagierte. Kein Wunder, dass mit den 95 Thesen der »Lutherstreit« – und damit die Reformation – begann.

3 Wer zweifelt hier am Thesenanschlag?

Fake News in guter Absicht

Natürlich musste es ein Katholik sein, der den protestantischen Mythenhaushalt erschütterte. Am 8. November 1961 hielt der katholische Kirchenhistoriker Erwin Iserloh in Mainz einen Vortrag mit dem Titel »Luthers Thesenanschlag. Tatsache oder Legende?« – und beantwortete die Frage mit »Legende«. Damit begann ein Streit, der kurz vor dem 450. Reformationsjubiläum 1967 eine breite Öffentlichkeit erreichte und die konfessionellen Gemüter erhitzte. Die Fronten schienen klar verteilt: Die Protestanten verteidigten den Thesenanschlag und damit ihren Gründungsmythos, die Katholiken bestritten den Thesenanschlag und wollten damit den protestantischen Gründungsmythos zerstören.

Ganz so einfach sind die Dinge aber nicht. Zwar war mit Iserloh der Mythenzertrümmerer tatsächlich Katholik, zwar stellten sich ihm in der wissenschaftlichen Debatte mit Hans Volz, Kurt Aland, Heinrich Bornkamm und Weiteren tatsächlich vornehmlich Protestanten entgegen, zwar nahm die Öffentlichkeit diesen Streit tatsächlich als konfessionspolitisch motiviert war – aber in Wahrheit waren die Motive doch wesentlich komplizierter. Zum Beispiel konnte man Hans Volz ebenfalls vorwerfen, einen protestantischen Mythos infrage zu stellen – er bestritt zwar nicht die Existenz, aber dafür das Datum des The-

51

senanschlags und plädierte dafür, dass Luther die 95 Thesen nicht am 31. Oktober 1517, sondern einen Tag später, am 1. November, angeschlagen habe. Hinzu kommt, dass Volz und Aland den Mythos noch auf ganz andere Weise infrage stellten, da sie beide die Auffassung vertraten, dass es eigentlich unerheblich sei, ob Luther die Thesen nun angeschlagen habe oder nicht.

Für Iserloh aber gilt das nicht. Er war, wie schon erwähnt, der Meinung, dass ein Thesenanschlag am 31. Oktober »angesichts des Wallfahrtsbetriebes im Umkreis der Schlosskirche am Feste Allerheiligen ein öffentlicher Protest gewesen«[67] wäre. Dabei habe Luther doch gegenüber den vorgesetzten Bischöfen zu Beginn des Streits immer wieder betont, dass er gar keine Veröffentlichung der Thesen angestrebt habe, sondern die Angelegenheit intern habe diskutieren und klären wollen. Iserloh nahm Luther hier beim Wort. Kein Thesenanschlag bedeutete für ihn auch kein antipapistischer Polemiker Luther 1517, kein frecher Ketzer, der »in Verwegenheit auf einen Bruch mit der Kirche hingesteuert«[68] sei und Rom keine andere Wahl als den Kirchenbann gelassen habe.

Das heißt: Iserlohs Angriff auf den Thesenanschlag hatte gar keine antiprotestantischen Motive, ganz im Gegenteil. Iserloh wollte vielmehr zeigen, dass die Schuld am Zerwürfnis zwischen Luther und Rom keinesfalls allein bei Luther lag. Luther, so Iserloh, sei »absichtslos«[69] zum Reformator geworden. Er habe Ende Oktober 1517 im Grunde nichts weiter getan, als einige Missstände in Theorie und Praxis des Ablasses den zuständigen Bischöfen zur Kenntnis zu geben – und schließlich, als er keine befriedigende Antwort erhielt, seine Thesen über die Missstände in seiner Funktion als Professor der Theologie zur Diskussion zu stellen, einer Diskussion, an der sich nur andere Gelehrte beteiligen sollten, weshalb die Thesen auf Lateinisch verfasst waren. Die Bischöfe, an die Luther sich mit seiner Kritik wandte, trügen aufgrund ihres Verhaltens eine erhebliche Mitschuld an der schließlichen Eskalation des Konflikts. Iserloh diskutierte daher sogar die Frage, ob die katholische Kirche der Gegenwart nicht gehalten sei, den Bann gegen Luther nachträglich aufzuheben. Zumindest sei katholischerseits das Eingeständnis nötig, dass Luthers Protest angesichts der realen Missstände gerechtfertigt gewesen sei, dass man falsch auf ihn reagiert und dass man daher »schwere Schuld an der Spaltung der Christenheit auf sich geladen«[70] habe.

Iserloh ging es also nicht darum, den Protestanten ihren Mythos zu stehlen und das katholische Selbstbewusstsein zu stärken. Seine Infragestellung des Thesenanschlags gehört vielmehr in den Zusammenhang jener katholischen Lutherforschung, die sich von den antiprotestantischen Klischees gerade lösen wollte. Wie in der Forschergeneration vor ihm Joseph Lortz und Hubert Jedin und wie in seiner eigenen Generation mit ihm Otto Hermann Pesch und Peter Manns wollte Iserloh dem katholischen Publikum einen Luther präsentieren, den man ernst nehmen musste, einen religiösen Menschen und existenziellen Denker, dessen zentrales Anliegen – die Rechtfertigung des Sünders allein aus Gnade – Beachtung verdiene, ja, den die katholische Kirche als »Vater im Glauben«[71] anerkennen könne. Eine gute Absicht, ein ökumenisches Anliegen stand also im Hintergrund von Iserlohs Kampf gegen den Thesenanschlag. Wenn Luther die Thesen nicht angeschlagen hatte, dann hieß das nämlich, dass Luther Ende 1517 kein antikatholischer Glaubensheld war, sondern ein katholischer Reformer, und dass die Spaltung der westlichen Christenheit weder zwangsläufig noch allein Luthers Schuld war. Umso enttäuschter war Iserloh, dass vor allem die protestantischen Kollegen ihm so heftig widersprachen. Er wunderte sich, »wie wenig ernstzunehmende evangelische Lutherforscher bereit waren und sind, auf dieses Stück Folklore des hammerschwingenden Luther zu verzichten«[72]. Wieso er sich angesichts des von ihm selbst ja gerade betonten symbolpolitischen Wertes des Thesenanschlags wunderte, ist allerdings nicht ganz verständlich.

Im Streit über den Thesenanschlag waren somit von Anfang an die Fragen der historischen Quellenkritik mit den Fragen der symbolischen, geschichts- und kirchenpolitischen Deutung untrennbar verbunden. Den Befürwortern des Thesenanschlags konnte man vorwerfen, nicht nur aufgrund der Quellenlage, sondern auch aufgrund seiner symbolischen Bedeutung als dem mythischen Ursprung der Reformation an den Thesenanschlag zu glauben. Umgekehrt konnte man den Gegnern des Thesenanschlags vorwerfen, ebenfalls nicht einfach interesselose Forschung zu betreiben, sondern einen anderen Mythos an die Stelle des bisherigen setzen zu wollen: statt des heldenhaften Thesenanschlägers Luther den skrupulösen Reformkatholiken, statt des heroischen Beginns einen unabsichtlichen Anfang, statt der Reformation als großer

Los-von-Rom-Bewegung die Reformation als tragische Geschichte eines gegenseitigen Missverständnisses.

Wie bereits gezeigt, waren die 95 Thesen Luthers aber keineswegs harmlos, erschöpften sich keineswegs im Anprangern unzweifelhafter Missstände und waren alles andere als »romtreu«. Die 95 Thesen sind vielmehr ein Dokument des fundamentalen Protests gegen das Ausufern päpstlicher Machtansprüche, und sie ließen zumindest erahnen, dass ihr Autor in der Lehre von den Sakramenten der Kirche – und damit in der Auffassung darüber, was Kirche eigentlich ist – ebenfalls in Opposition zur herrschenden Lehre stand. Der Lutherstreit entzündete sich daher nicht einfach zufällig an den 95 Thesen. Dass er auch versöhnlicher hätte enden können, soll damit nicht bestritten werden. Aber die Behauptung, ein Thesenanschlag passe nicht zum Inhalt der Thesen, stimmt, wie gezeigt, nicht.

Für die Frage, ob der Thesenanschlag eine Tatsache oder eine Legende ist, reicht es jedenfalls nicht, sich die passendere symbolische Deutung auszusuchen. Es reicht auch nicht, einfach der Kultur der Entmythologisierung zu folgen. Denn jede Entlarvung eines Mythos, jede Dekonstruktion, schafft zugleich einen neuen Mythos. Schuf der Glaube an den Thesenanschlag den Mythos vom heroischen Beginn der Reformation, so schuf die Bestreitung des Thesenanschlags den Mythos von der Reformation als Betriebsunfall der Geschichte. Wer nach den historischen Tatsachen fragt, kommt auf dieser Ebene nicht weiter. Widmen wir uns daher der Quellenlage. Welches sind die konkreten Argumente, die gegen einen Thesenanschlag ins Feld geführt wurden?[73]

Der unzuverlässige Melanchthon

Die Hauptquelle für Luthers Thesenanschlag ist dessen enger Mitarbeiter und Freund Philipp Melanchthon. In der Vorrede zum zweiten Band der gesammelten Werke Luthers schrieb Melanchthon: »Als Luther hiermit [mit der Perfektionierung seiner griechischen Sprachkenntnisse] beschäftigt war, wurden in dieser Gegend vom Dominikanermönch Tetzel, einem ganz unverschämten Gauner, Ablassbriefe zum Kauf angeboten. Durch Tetzels gottlose und schändliche Predigten wurde Luther erzürnt, weil er durch seine wissenschaftliche Betätigung für die göttliche Barmherzigkeit brannte. Und deshalb veröffentlichte er Thesen gegen den Ablasshandel, die im ersten Band seiner Schriften stehen. Und diese Thesen nagelte er öffentlich am Vortag von Allerheiligen im Jahr 1517 an die Kirche, welche neben dem Wittenberger Schloss steht.«[74] Diese Äußerung Melanchthons blieb etwa vierhundert Jahre lang unbestritten. Wer den Thesenanschlag in das Reich der Legende verweisen will, muss diese Quelle loswerden, muss also plausibel machen, dass Melanchthon hier – wissentlich oder unwissentlich – die Unwahrheit gesagt hat. Tatsächlich kann man drei Gründe für die Unzuverlässigkeit Melanchthons ins Feld führen. Erstens: Er war kein Augenzeuge des Geschehens. Zweitens: Er sprach erst nach Luthers Tod vom Thesenanschlag. Drittens: Er hat sich auch in anderen Fällen geirrt.

Zum Zeitpunkt des Thesenanschlags hielt sich Melanchthon in Tübingen auf, wo er seit 1512 studierte und bald auch unterrichtete – übrigens nicht Theologie, sondern neben den sieben Freien Künsten noch Griechisch, Latein und Hebräisch. Erst ein knappes Jahr später, am 25. August 1518, betrat Melanchthon zum ersten Mal Wittenberg und begegnete Luther. Melanchthon erhielt in Wittenberg die Professur für Griechisch, sein großes Thema in dieser Zeit war, wie aus seiner Antrittsvorlesung vom 28. August 1518 hervorgeht, die Reform der Universität im Sinne des Humanismus. Melanchthon kam also als Humanist, Bildungsreformer und Gräzist nach Wittenberg, und erst unter Luthers Einfluss sollte er auch zum Theologen und Reformator werden. Sicher ist: Beim Thesenanschlag war er nicht dabei, er musste seine Information darüber aus anderer Quelle als der eigenen Anschauung haben.

Nahe liegt, dass Luther selbst diese Quelle war, denn schließlich wurde Melanchthon ab 1518 für fast dreißig Jahre zum engsten Mitarbeiter Martin Luthers. Die Gegner des Thesenanschlags widersprechen dieser Annahme. Sie verweisen darauf, dass Melanchthon zu Luthers Lebzeiten zwar mehrfach über die 95 Thesen sprach, aber niemals einen Anschlag erwähnte. Die Vorrede zum zweiten Band der Lutherausgabe, in der sich die früheste erhaltene Bemerkung Melanchthons über Luthers Thesenanschlag findet, erschien 1546, und damit nach Luthers Tod. Dieser konnte somit der Darstellung nicht mehr widersprechen.

Das ist allerdings höchstens ein Indiz. Schwerer wiegt der Vorwurf, dass Melanchthon sich auch über andere Sachverhalte aus der Zeit vor seiner Ankunft in Wittenberg geirrt habe. 1530 behauptete er beispielsweise, der Ablass sei 1517 auch in Sachsen gepredigt worden, was nicht richtig sei; Ablassprediger wie Tetzel durften aufgrund eines kurfürstlichen Verbots nicht in Sachsen predigen, sondern nur im benachbarten Brandenburg. Vor allem aber enthalte das Beweisdokument selbst, Melanchthons Vorrede zum zweiten Band der Lutherausgabe, sachliche Irrtümer: Tetzel habe, so Melanchthon, Luthers Thesen öffentlich verbrannt; Friedrich der Weise habe Luther in Wittenberg predigen hören; und auch die von Melanchthon behauptete Reihenfolge von Luthers Vorlesungen sowie seine Datierung von Luthers Romreise auf 1511 stimmten nicht.[75]

Selbst Befürworter des Thesenanschlags haben Melanchthons Vorrede zuweilen als »haltlose Legende«[76] bezeichnet oder als »eben nur eine Vorrede, d. i. ein rasch ohne jede Hilfsmittel (…) aufs Papier geworfenes Skriptum, das keinerlei urkundlichen Wert besitzt und nur soweit Glauben verdient, als seine Angaben durch andere Zeitgenossen bestätigt werden.«[77] Wieso einem Dokument Glauben schenken, dessen Urheber kein Augenzeuge des Thesenanschlags war, mit seinem Bericht erst den Tod des Thesenanschlägers abwartete und sich zudem in seinem Bericht auch anderweitig irrte? Melanchthon, so die Gegner des Thesenanschlags, scheide als zuverlässige Quelle aus, seine Vorrede eigne sich nicht als entscheidendes Beweismittel.

Augenzeuge gesucht

Wenn Melanchthon schon kein Augenzeuge des Geschehens war, gab es dann vielleicht einen anderen? Die klassische Lutherforschung nennt tatsächlich einen Zeugen, nämlich Johannes Agricola. Dieser studierte seit Frühjahr 1516 an der Wittenberger Universität und war ein begeisterter Schüler Luthers. Als Luther im Dezember 1520 die päpstliche Bannandrohungsbulle vor dem Wittenberger Elstertor verbrannte, war Agricola anwesend. Gilt das auch für den Thesenanschlag? Eine autobiografische Notiz Agricolas galt lange als Augenzeugenbericht: »Im Jahre 1517 legte Luther in Wittenberg an der Elbe nach altem Schulbrauch gewisse Sätze zur Disputation vor, ohne damit, wie ich bezeugen kann, jemand Schimpf und Unrecht antun zu wollen.«[78] »Wie ich bezeugen kann« – »me teste« – ist hier die entscheidende Formulierung. Allerdings beruht sie möglicherweise auf einem Lesefehler. Im Original steht anscheinend in Wirklichkeit »modeste« – »bescheiden«. Hinzu kommt, dass in der Notiz Agricolas weder das genaue Datum des Thesenanschlags genannt ist noch überhaupt von einem Anschlag der Thesen die Rede ist. Um einen tatsächlichen Augenzeugenbericht des Thesenanschlags handelt es sich daher nicht, auch wenn Agricola möglicherweise ein Augenzeuge war.

Es gibt aber noch einen weiteren Kandidaten für die Augenzeugenschaft dessen, was am 31. Oktober 1517 an der Wittenberger Schlosskirche geschah. Georg Major, der später bei Luther und Melanchthon studieren, Rektor in Magdeburg und schließlich auch Prediger an der Wittenberger Schlosskirche sowie Rektor der Universität Wittenberg werden sollte, war zum fraglichen Zeitpunkt fünfzehn Jahre alt und kurfürstlicher Sängerknabe an der Schlosskirche. Dieser Sachverhalt macht einen Brief besonders interessant, den Major Ende Oktober 1553 an Joachim von Anhalt schrieb und in dem er auf die Wittenberger Ereignisse von Ende Oktober 1517 zu sprechen kam: »Geben zuo Wittemberg in Vigilia omnium Sanctorum, an welchem Tag vor sechß und dreißig jaren der Erwirdigen vnd Hochgelehrte Herr D. Martinus Lutherus / seliger gedechtnuß / erstlich an die Schloßkirchen allhie zuo Wittemberg / da dann auff aller Heyligen tag der groeßte Ablaßkram war / wider solchen Ablaßkram deß Tetzels vnnd anderer die Propositiones hat angeschlagen / welchs die erste vrsach zur reinigung Christlicher Lehr gewesen / Dafür Gott Lob / Ehr vnd Danck sey.«[79] Vier Jahre später, 1557, notierte Major als Herausgeber des neunten Bandes der deutschen Werke Luthers als Randbemerkung zum Text der 95 Thesen: »Diese Propositiones sind an aller Heiligen abend / Anno 1517. an der Schloskirchen thür zu Wittemberg angeschlagen worden.«[80]

Drei Gründe führen die Gegner des Thesenanschlags ins Feld, um diese Quellen als Augenzeugenberichte wieder loszuwerden[81]: Erstens behaupte Major selbst gar nicht, Augenzeuge gewesen zu sein. Dass er sich am 31. Oktober 1517 in Wittenberg aufhielt, mache ihn nur zu einem potenziellen Augenzeugen und noch lange nicht zu einem tatsächlichen. Zweitens handele es sich um sehr späte Zeugnisse, die nach der Notiz Melanchthons und in Kenntnis von ihr verfasst worden seien. Es sei somit drittens nicht auszuschließen, dass Major einfach bei Melanchthon abgeschrieben habe, ja dies sei sogar relativ wahrscheinlich, da Major mit Melanchthon in einem wichtigen Detail übereinstimme: Beide erwähnen nur einen Thesenanschlag an der Schlosskirche, nicht auch an den anderen Wittenberger Kirchen, wie es die Universitätsregularien eigentlich vorgesehen hätten. Ein eindeutiger Augenzeugenbericht vom Thesenanschlag existiere somit nicht.

Niemand will disputieren

Gehen wir einen Schritt zurück: Wieso hätte Luther eigentlich überhaupt seine Thesen anschlagen sollen? Die Befürworter des Thesenanschlags argumentieren, dass ein solcher zum üblichen Vorgehen der Universität bei Disputationen gehörte. Wenn ein Professor über ein strittiges Thema disputieren wollte, gab er Thesen heraus und lud zur Disputation ein, indem er seine Thesen an die Türen der Wittenberger Kirchen anbrachte, die gewissermaßen als »Schwarzes Brett« der Universität fungierten. So sahen es die Statuten der Wittenberger Universität vor. Mindestens ein Thesenanschlag in Wittenberg ist für das Jahr 1517 belegt, nämlich der Anschlag der Thesen über »Die Natur, das Gesetz und die Gnade« von Andreas Bodenstein, besser bekannt als Karlstadt, am 26. April 1517. Die Frage lautet daher nicht, wieso Luther seine Thesen hätte anschlagen sollen, sondern: wieso nicht?

Die Antwort der Thesenanschlagsgegner lautet: Mit seinen 95 Thesen lud Luther nicht zu einer normalen

Universitätsdisputation ein. Hätte er dies getan, dann hätte er mitsamt seinen Thesen auch gleich das Datum der Disputation angegeben. Auf den erhaltenen Plakatdrucken der Ablassthesen steht aber kein Datum; die Einladung ist allgemeiner gehalten: »Aus Liebe zur Wahrheit und im Verlangen, sie zu erhellen, sollen die folgenden Thesen in Wittenberg disputiert werden, unter dem Vorsitz des ehrwürdigen Vaters Martin Luther, Magister der freien Künste und der heiligen Theologie, dort auch ordentlicher Professor der Theologie. Daher bittet er jene, die nicht anwesend sein können, um mit uns mündlich zu debattieren, dies in Abwesenheit schriftlich zu tun.«[82]

Luther hatte also letztlich einen größeren Gelehrtenkreis als Adressaten seiner Thesen im Sinn als nur die Wittenberger Universitätsangehörigen. Daher verschickte er die Thesen brieflich an andere Gelehrte, daher rief er sie dazu auf, sich schriftlich zu äußern, wenn sie nicht persönlich zur Disputation erscheinen könnten. Die Art von Disputation, die Luther beabsichtigte, entsprach also nicht den regulären »Zirkulardisputationen«, die freitags mit einem vorher definierten Teilnehmerkreis stattfinden sollten und bei denen der Einladende nicht nur per Thesenanschlag den Termin festsetzte, sondern auch bestimmen konnte, wer disputieren und wer dabei welche Position vertreten sollte. Stattdessen hatte Luther offenbar eine größere Öffentlichkeit im Sinn, ähnlich wie später 1519 bei der Disputation in Leipzig zwischen Luther und Karlstadt auf der einen Seite und Johannes Eck auf der anderen Seite – aber auch ähnlich wie vorher Karlstadt im April 1517, der ungeachtet des erweiterten Adressatenkreises die Thesen auch in Wittenberg anschlug.

Nun fand aber in Wittenberg gar keine Disputation über die 95 Thesen statt. Luther selbst erklärte dies in einem Brief vom 13. Februar 1518 an den Bischof von Brandenburg damit, dass er zwar alle »in die Arena«[83] gerufen habe, aber niemand gekommen sei. Dieselbe Erklärung für die ausgefallene Disputation gab Luther wenige Tage später in einem Brief an Georg Spalatin: Niemand habe sich ihm stellen wollen.[84] Damit aber, so die Argumentation der Thesenanschlagsgegner, habe es auch keinen Grund für einen öffentlichen Aushang der Thesen gegeben. Um eine breite Gelehrtenöffentlichkeit zu erreichen, habe es vollkommen genügt, die Thesen brieflich zu versenden. Eine Disputation habe Luther zwar geplant, aber diesen Plan habe er aufgrund des weiteren Gangs der Ereignisse schließlich fallenlassen.

Wo ist der Wittenberger Druck?

Neben den fehlenden Augenzeugen und der fehlenden Disputation verweisen die Gegner des Thesenanschlags auch auf den fehlenden Thesendruck im Oktober 1517. In der Regel, so die Argumentation, seien Disputationsthesen als Plakate gedruckt worden, und diese Plakatdrucke seien dann an den dafür vorgesehenen Orten angebracht worden. Drei Drucke der 95 Thesen aus dem Jahr 1517 sind heute erhalten: ein Basler, ein Nürnberger und ein

Leipziger Druck. Von einem Wittenberger Plakatdruck der 95 Thesen fehlt aber jede Spur.

Von den Exemplaren der 95 Thesen, die Luther am 31. Oktober 1517 und danach brieflich verschickte, ist anscheinend keines erhalten. Es ist daher möglich, dass es sich nicht um Drucke, sondern um handschriftliche Exemplare handelte, dass Luther also in relativ hoher Zahl eigenhändige Abschriften seiner Thesen anfertigte und diese dann verschickte. Einer der Empfänger der Thesen war Ulrich von Dinstedt, Kanoniker am Wittenberger Allerheiligenstift. Er gab die Thesen Ende 1517 oder Anfang 1518 an den Nürnberger Stadtadvokaten Christoph Scheurl weiter. Zehn Jahre später erinnerte sich Scheurl in seinem »Geschichtsbuch der Christenheit« an diesen Vorgang: »Luther hat 95 Sätze vom Ablass aufgestellt und den anderen Doctoren zugeschickt, gewisslich nicht in der Absicht, dass sie weiter verbreitet würden. Denn sie waren bloß geschrieben. Auch wollte er sie nicht alle defendieren, sondern allein in der Schule behandeln und der anderen Gutdünken darüber erfahren. (…) Welche Conclusion wurde, als in unseren Zeiten unerhört und ungewöhnlich, vielfältig abgeschrieben und im deutschen Land als neue Nachrichten hin und her geschickt.«[85]

»Sie waren bloß geschrieben«, das könnte heißen, das Exemplar der 95 Thesen, das Scheurl in die Hände bekommen hatte, war kein gedrucktes, sondern ein handschriftliches Exemplar. Das wiederum nahm Scheurl als Zeichen dafür, dass Luther die Thesen auch gar nicht über einen sehr engen Kreis hinaus verbreiten wollte. Tatsächlich hatte Luther selbst ihm das so erklärt. In einem Brief vom 5. März 1518 schrieb Luther an Scheurl: »Es war weder meine Absicht noch mein Wunsch, sie [die 95 Thesen] zu verbreiten. Sondern sie sollten mit wenigen, die bei und um uns wohnen, zunächst disputiert werden, damit sie so nach dem Urteil vieler entweder verworfen und abgetan oder gebilligt und herausgegeben würden. Aber jetzt werden sie weit über meine Erwartung so oft gedruckt und herumgebracht, dass mich das Erzeugnis reut. Nicht dass ich nicht dafür wäre, dass die Wahrheit dem Volk bekannt werde – das wollte ich vielmehr einzig und allein –, sondern weil diese Weise nicht geeignet ist, das Volk zu unterrichten. Denn mir ist selbst etliches zweifelhaft, und ich hätte manches weit anders und sicherer behauptet oder weggelassen, wenn ich das erwartet hätte.«[86]

Wollte Luther die 95 Thesen also eigentlich gar nicht veröffentlichen? Ließ er deshalb keinen Druck produzieren, sondern schickte sie in handschriftlichen Exemplaren an ausgewählte Adressaten? Die erhaltenen Thesendrucke aus dem Jahr 1517 wären dann ohne Wissen und gegen den Willen Luthers entstanden, in Auftrag gegeben von Freunden Luthers und Anhängern seiner Ablasskritik. Luther wiederum wäre dann von der Verbreitung der Thesen überrascht worden und entschied sich Anfang 1518, um Missverständnissen vorzubeugen, sogenannte »Resolutiones«, also Erläuterungen der Ablassthesen zu veröffentlichen. Diese richteten sich an die Theologen. Außerdem brachte er einen »Sermon von Ablass und Gnade« heraus, der das Thema für das einfache Volk und in deutscher Sprache behandelte. Einen von Luther autorisierten Druck der 95 Thesen gab es demnach nicht, schon gar keinen Wittenberger »Urdruck«, was auch nicht notwendig sei, wenn die Thesen ohnehin nicht angeschlagen worden wären.

Der lügende Luther?

Über einen unzweifelhaften Augenzeugen des Geschehens ist noch nicht gesprochen worden, nämlich über Martin Luther selbst. Hier setzt das wichtigste Argument ein, das bis heute gegen den Thesenanschlag vorgebracht wird. Es lautet: Wenn es einen Thesenanschlag gab, dann war Luther ein Lügner.[87] Denn seine eigene nachträgliche Schilderung der Ereignisse vom Oktober und November 1517 schließe einen Thesenanschlag faktisch aus. Neben einigen Tischreden Luthers sowie zwei Publikationen aus den 1540er Jahren gibt es für diese Behauptung zwei Hauptquellen, beides Briefe, beide aus dem Jahr 1518, beide an prominente Akteure des Ablassstreits adressiert.

Den ersten Brief schrieb Luther an Papst Leo X. Ihm sandte er im Mai 1518 die Erläuterungen zu den 95 Thesen. In seinem Begleitschreiben erklärte er, was im Herbst des Jahres 1517 geschehen war: »Deshalb ermahnte ich privatim einige hohe Würdenträger der Kirche. Hier wurde ich von einigen angehört, anderen erschien ich lächerlich, anderen noch anders, denn die Furcht vor Deinem Namen und die Androhung von Kirchenstrafen behielt die Oberhand. Endlich, als ich nichts anderes tun konnte, hielt ich es für das Beste, ihnen wenigstens ganz vorsichtig entgegenzuarbeiten, das heißt, ihre Lehren in

Zweifel zu ziehen und zu einer Disputation darüber aufzurufen. So gab ich einen Disputationszettel heraus und lud nur Gelehrte dazu ein, etwa darüber mit mir zu disputieren (...).«[88]

Der zweite Brief Luthers ging an Kurfürst Friedrich den Weisen. Ihm schrieb er am 21. November 1518: »Denn so haben selbst bei uns einige in verleumderischer Absicht verbreitet, ich hätte diese Sätze [die 95 Thesen] nach Aufforderung und auf Anraten Eurer Hoheit hin zu disputieren gebeten. Dabei hat von dieser Disputation niemand daselbst von den engsten Freunden gewusst außer der ehrwürdige Herr Erzbischof von Magdeburg und der Herr Hieronymus, Bischof von Brandenburg; denn, weil ihnen ja daran gelegen sein musste, derartige Ungereimtheiten zu unterbinden, habe ich sie in Privatschreiben – und zwar bevor ich die Disputationsthesen veröffentlichte – in demütiger und ehrerbietiger Weise aufgefordert, die Herde Christi vor diesen Wölfen zu behüten. Ich wusste sehr wohl, dass ich diese Angelegenheit nicht vor die weltliche Obrigkeit, sondern zuerst vor die Bischöfe zu bringen hätte.«[89]

Damit, so die Argumentation der Thesenanschlagsgegner, gab Luther selbst eine Schilderung der Ereignisse, die einen Thesenanschlag am 31. Oktober 1517 ausschließt. Laut ihm war der Ablauf folgender: Er habe zuerst den Bischöfen von Magdeburg und Brandenburg seine Ablasskritik per Brief geschickt – der Brief an Albrecht, Bischof von Magdeburg und Mainz, ist erhalten und von Luther selbst auf den 31. Oktober 1517 datiert. Nicht einmal Luthers enge Freunde hätten etwas von seinen Thesen gewusst. Erst als die Bischöfe nicht beziehungsweise nicht befriedigend antworteten, habe Luther sich entschlossen, Thesen zur Disputation zu verbreiten und mehrere Gelehrte zu einer solchen Disputation einzuladen. Ein Thesenanschlag am 31. Oktober 1517 passt nicht zu dieser Darstellung; wer also behaupte, Luther habe seine Thesen am Vorabend von Allerheiligen 1517 nicht nur per Brief an Bischöfe verschickt, sondern auch an die Tür der Wittenberger Schlosskirche angeschlagen, der behaupte damit, dass Luther gegenüber dem Papst und gegenüber seinem Landesherrn gelogen habe.

Allerdings gab selbst der Thesenanschlagsgegner Iserloh zu, dass die genannten Briefe Luthers nicht den Thesenanschlag als solchen ausschließen, sondern nur das traditionelle Datum. »Wer nicht ohne einen solchen [Thesenanschlag] auskommen zu können meint«, so Iserloh, »mag ihn Mitte November, etwa gleichzeitig mit der Übersendung der Thesen an Joh. Lang ansetzen.«[90] Aber hilft eine solche Annahme wirklich, Luthers Schilderung in den beiden Briefen zu stützen? Seinem Freund Johannes Lang schickte Luther die 95 Thesen am 11. November 1517. Demzufolge hätte er gerade einmal elf Tage auf eine Reaktion der Bischöfe gewartet, bevor er die Thesen auch anderweitig verbreitete. Eine solche Frist kann man kaum als angemessen bezeichnen. Dieses Problems war sich auch Iserloh bewusst, der die kurze Frist mit Luthers Ungeduld erklärte, dem die Ablassfrage »auf den Nägeln brannte«[91]. Dasselbe Argument könnte man allerdings auch für einen Thesenanschlag am 31. Oktober anführen.

Luthers Brief vom 31. Oktober an Albrecht erreichte diesen überhaupt erst in der zweiten Novemberhälfte. Dies lag zwar daran, dass Albrecht sich zu dem Zeitpunkt nicht in Magdeburg, sondern in Mainz beziehungsweise Aschaffenburg aufhielt, was Luther nicht wissen konnte. Aber selbst wenn der Brief den Erzbischof sofort erreicht hätte, so hätte man doch von Luther erwarten können – sofern er die Behauptung ernst meinte, zuerst den Bischöfen Gelegenheit geben zu wollen, die Sache intern zu klären, bevor er sie öffentlich machen würde –, dass er Albrecht Zeit gelassen hätte, den Fall zuerst zu eruieren, gegebenenfalls ein theologisches Gutachten einzuholen und dann eine Antwort an Luther zu formulieren. Und das alles in weniger als elf Tagen? Wie man es auch dreht und wendet: Luther hat in keinem Fall lange genug gewartet, um Albrecht eine realistische Chance zu geben, durch eine angemessene Reaktion die drohende Veröffentlichung der Thesen noch zu verhindern. Luthers Darstellung der Ereignisse in den Briefen an Leo und Friedrich kann also gar nicht vollständig mit den tatsächlichen historischen Ereignissen übereinstimmen.

Und noch etwas kommt hinzu: Noch früher als die Briefe an Leo und Friedrich, und zwar vom 13. Februar 1518, datiert ein Brief Luthers an den Bischof von Brandenburg, Hieronymus Schultz, der einen Ablauf der Ereignisse schildert, der wiederum nicht zu dem passt, was Luther an Papst und Kurfürst geschrieben hatte, der sich aber gut mit der Annahme eines Thesenanschlags verträgt. Luther schreibt darin folgendes: »Um beiden [Seiten im Streit um den Ablass] Genüge zu tun, schien es mir der beste Rat zu sein, beiden weder zuzustimmen noch ihnen Unrecht zu geben, sondern einstweilen über eine so große Sache zu disputieren, bis die heilige Kirche festsetzte, was man meinen solle. Daher ließ ich eine Disputation ausgehen, zu der ich öffentlich alle einlud und bat, persönlich aber alle, die ich als die Gelehrtesten kannte, dass sie mir brieflich ihre Meinung eröffnen möchten.«[92]

Nach dieser Schilderung ergingen die privaten Briefe Luthers an die Bischöfe gleichzeitig mit Schreiben an befreundete Gelehrte sowie mit einer öffentlichen Einladung zur Disputation. Iserloh hat zwar darauf bestanden, dass dies kein Beleg für den Thesenanschlag sei, denn mit der öffentlichen Einladung sei vielmehr die öffentliche Verbreitung der Thesen durch versendete Drucke gemeint, aber es bleibt doch dabei, dass Luther hier einen Ablauf schildert, der nicht mit dem vereinbar zu sein scheint, was er einige Monate später gegenüber dem Papst und gegenüber Friedrich dem Weisen andeutete. Ist es wahrscheinlicher, dass Luther dem Bischof von Brandenburg, der selbst einer der Briefempfänger war, die Ereignisabfolge gemäß den Tatsachen schilderte, oder spricht mehr dafür, dass er dies dem Papst und dem Kurfürst gegenüber tat, bei denen er jeweils ein Motiv hatte, seine eigene Rolle möglichst passiv und kirchentreu darzustellen? Zumal er ohnehin nachweislich den Bischöfen keine adäquate Reaktionsfrist auf die Thesen gewährte?

Wie dem auch sei, Luther scheidet letztlich als eindeutige Quelle für oder gegen den Thesenanschlag aus. Denn es ist keine einzige Äußerung von ihm über einen Thesenanschlag überliefert. Was für die Thesenanschlagsgegner, angesichts der ausgesprochenen Auskunftsfreudigkeit Luthers zu allen möglichen Fragen und Themen, bis heute das stärkste Argument gegen den Thesenanschlag ist.

Eine Monumentalisierung Luthers?

Wenn, wie Iserloh und andere behaupten, der Thesenanschlag in Wirklichkeit gar nicht stattfand, wieso haben Melanchthon und andere dann das Gegenteil behauptet? Eine mögliche Erklärung lautet, dass Melanchthon einfach annahm, Luther habe Ende Oktober 1517 gemäß den Statuten der Wittenberger Universität gehandelt und durch öffentliche Anbringung seiner Ablassthesen zur Disputation aufgerufen. Melanchthon habe sich schlicht und einfach geirrt, und Luther, der den Irrtum hätte korrigieren können, habe nicht mehr gelebt. Alle anderen Berichte vom Thesenanschlag wiederum seien von Melanchthons Bericht abhängig; Melanchthon habe also eine Falschbehauptung in die Welt gesetzt, die dann alle von ihm abgeschrieben hätten.

Wenn man mit den Statuten der Wittenberger Universität argumentiert, ergibt sich aber ein Problem: Denn laut den Universitätsstatuten hätte ein Thesenanschlag nicht nur an der Wittenberger Schlosskirche stattfinden müssen, sondern darüber hinaus auch an den Türen der anderen Kirchen sowie in der Universität selbst. Wieso weicht Melanchthons Bericht von den Universitätsstatuten ab, wenn diese doch seine einzige Quelle für den Bericht sein sollen?

Abb. 10: Luther monumental: Lucas Cranach d. J. (Werkstatt),
Holzschnitt aus elf Teilen, um 1560, Wittenberg: Hans Lufft.

Die Antwort lautet »Monumentalisierung«[93]. In den letzten Lebensjahren Luthers, so die These, hätten Melanchthon und andere den Versuch unternommen, »das Luthergedächtnis zu kanonisieren«[94]. Dazu gehörte es auch, die entscheidenden Ereignisse und Wegmarken der Reformation schriftlich festzuhalten, um so eine gemeinsame Erzählung zu schaffen. Mit Georg Rörer stellte man seit den 1530er Jahren Luther einen Sekretär und zugleich eine Art Erinnerungsbeauftragten zur Seite, der vor allem die frühe Phase, den Beginn der Reformation, historisch sichern sollte. Dies geschah aber nicht interesselos, sondern im Sinne des reformatorischen Anliegens, und das bedeutete, Luther zum Charismatiker, zum heldenhaften Streiter gegen das Papsttum zu machen, und zwar möglichst von Anfang an. Hier, so die Monumentalisierungsthese, liegt der Ursprung des Mythos Luther, jener Erzählung vom furchtlosen Streiter, der aufgrund eines Blitzschlags ins Kloster gegangen war, der dort in einsamem Bibelstudium den gnädigen Gott entdeckt hatte, der seine daraus gewonnenen Ablassthesen an die Wittenberger Schlosskirchentür schlug und damit die Kirche herausforderte, und der sich mit der Verbrennung der Bannandrohungsbulle dem Papst, mit seinem Auftritt in Worms dem Kaiser widersetzte, um seine reformatorische Botschaft zu verbreiten. Um diesen monumentalen Luther zu bekommen, musste man verengen und verdichten: das möglicherweise längere Ringen um den Klostereintritt auf einen einzigen Moment, das »Gewittererlebnis«, den allmählichen theologischen Erkenntnisprozess auf das singuläre »Turmerlebnis« und den Beginn von Lu-

thers öffentlichem Protest auf den Anschlag der Ablassthesen am 31. Oktober 1517.

Wenn das stimmt, dann leuchtet auch ein, warum Melanchthon nur die Schlosskirche als Ort des Thesenanschlags erwähnt: Auch dies sei Ergebnis einer Verdichtung,
nämlich der mehreren Thesenanschläge auf einen einzigen, und zwar auf eben jenen Ort, an dem der Reliquien-
schatz Friedrichs des Weisen ausgestellt wurde, also auf
den Ort, der sich symbolisch für den Protest Luthers gegen
kirchliche Missstände am besten eignete. Melanchthons
Bericht vom Thesenanschlag sei also kein Bericht über ein
tatsächliches historisches Ereignis, sondern eine bildhafte
Verdichtung der historischen Realität mit dem Ziel der
Monumentalisierung Luthers – einer Monumentalisierung allerdings, die sich im Hinblick auf das Datum, mit
dem alles begann, auf Luther selbst berufen konnte, der
schon 1527 den Beginn der Reformation auf Allerheiligen
1517 datierte, und die gerade im Hinblick auf den Thesenanschlag gar keine unmittelbare Wirkung erzielte. Monu-
mentale Szenen aus der heroischen Frühphase der Reformation gab es nämlich eigentlich bereits genug; in den
ersten Jahrhunderten nach Luthers Tod spielten die Verbrennung der Bannandrohungsbulle im Dezember 1520
und der Auftritt auf dem Wormser Reichstag im April 1521
ungleich größere Rollen als der Thesenanschlag. Dessen
große Zeit brach erst im 19. Jahrhundert an. Wenn also die
zeitgenössischen Belege für Luthers Thesenanschlag wirklich Ausdruck einer Monumentalisierung Luthers sind,
dann blieb deren Erfolg aus – beziehungsweise stellte sich
erst mit 250 Jahren Verzögerung ein.

4 Tatsache Thesenanschlag!

Ein neuer Quellenfund

Als die von Erwin Iserloh angestoßene Debatte über den Thesenanschlag in den 1960er Jahren geführt wurde, formulierte der Leipziger Kirchenhistoriker Franz Lau eine Art Fazit: »Abrupt erledigen ließe sich der ganze Streit natürlich durch die Entdeckung eines der Nachricht Melanchthons von 1546 zeitlich vorangehenden Zeugnisses für den Thesenanschlag oder auch die eines Gegenzeugnisses gegen ihn. Solange die Entdeckung nicht erfolgt ist, wird es kaum möglich sein, eine völlig beweiskräftige und allgemein überzeugende Lösung der Frage zu bieten (…).«[95]

Ende 2006 schien es, als sei genau diese Entdeckung gemacht worden: Bei der Durchsicht eines Bandes von Luthers Neuem Testament Deutsch (1540) in der Thüringer Universitäts- und Landesbibliothek fand Martin Treu eine Notiz zum Thesenanschlag, die sich als die Handschrift Georg Rörers herausstellte. Wie erwähnt, fungierte Rörer als Sekretär Luthers und arbeitete bei der Revision von Luthers deutschsprachiger Bibelausgabe mit.[96] Das Besondere an dieser Notiz ist, dass sie aller Wahrscheinlichkeit nach noch zu Luthers Lebzeiten verfasst wurde, Anfang der 1540er Jahre, also noch vor dem bisher als ältester Beleg für den Thesenanschlag geltendem Bericht Melanchthons von 1546. Die Rörer-Notiz ist daher die früheste erhaltene Quelle für den Thesenanschlag, sie ist genau das, was Franz Lau suchte, um die Frage nach dem Thesenanschlag definitiv beantworten zu können.

Und sie beantwortet die Frage positiv! Rörer vermerkt in der Ausgabe des Neuen Testaments als Randnotiz, dass »am Vortag von Allerheiligen im Jahre des Herrn 1517 von Dr. Martin Luther Thesen über den Ablass an die Türen der Wittenberger Kirchen angeschlagen wurden«[97]. Besonders interessant ist die Formulierung »die Türen der Wittenberger Kirchen« – im Plural. Diese Formulierung spiegelt die Vorschrift der Universitätsstatuten wider, die einen öffentlichen Anschlag von Disputationszetteln an allen Türen der von der Universität zu Vorlesungszwecken genutzten Kirchenräume vorsah, das heißt neben der Schlosskirche, in der noch bis zum Brand von 1760 die Disputationskatheder der Leucorea standen, auch die Stadtkirche und vermutlich auch die Klosterkirche der Franziskaner. Auf derselben Seite des Buches notierte Rörer – ebenfalls handschriftlich – das Datum der Ankunft Philipp Melanchthons in Wittenberg am 25. August 1518.

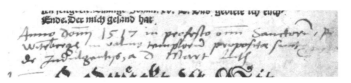

Abb. 11: Die »Rörer-Notiz«: Martin Luthers Handexemplar »Das Neue Testament Deutsch« (Druck: Hans Lufft, Wittenberg, 1540) mit einer Notiz zum Thesenanschlag von Georg Rörer. Thüringer Universitäts- und Landesbibliothek Jena, Signatur: Ms. App. 25; Bl. 413r.

Vielleicht wollte Rörer diese beiden Ereignisse – Thesenanschlag und Melanchthons Ankunft in Wittenberg – als Zusatz zum Vorwort der nächsten Ausgabe des Neuen Testaments sehen, da er diese beiden Geschehnisse als Gründungsdaten der noch jungen Reformation ansah.

Ist damit die Sache entschieden? Und gab es also nicht nur einen einzigen Thesenanschlag, an das Hauptportal der Schlosskirche, sondern gleich mehrere? Die Gegner des Thesenanschlags verweisen zu Recht darauf, dass auch Rörer kein Augenzeuge war, da er sich 1517 noch nicht in Wittenberg aufhielt. Hinzu kommt, dass Rörer einige Jahre später nicht mehr an der eigenen Version der Geschichte festhielt, nach der Luther die Thesen an alle Kirchentüren angeschlagen habe, sondern – nachweisbar durch drei weitere handschriftliche Notizen[98] – auf Melanchthons Fassung umschwenkte, der nur die Schlosskirche erwähnte. Aus den Thesenanschlägen machte nun auch Rörer den Thesenanschlag.

Deshalb scheidet Rörer aber längst nicht als zentrale Quelle für den Thesenanschlag aus. Fest steht, dass er in den Jahren, aus denen die Notiz stammt, eng mit Luther zusammenarbeitete und er seine Notiz daher wahrscheinlich auch mit Luthers Kenntnis niederschrieb. Die Rörer-Notiz hat damit den Thesenanschlag sicher noch nicht im strengen Sinn erwiesen, aber sie macht ihn doch sehr wahrscheinlich. Denn mit der Rörer-Notiz ist klar: Mindestens zwei enge Vertraute Luthers überliefern einen Thesenanschlag, einer davon noch zu Luthers Lebzeiten. Die Behauptung, die ganze Sache sei nur erfunden worden, verliert damit eminent an Glaubwürdigkeit. Viele Reformationshistoriker haben sich daher durch den Fund der Rörer-Notiz überzeugen lassen, dass der Thesenanschlag wohl doch keine Legende ist.[99]

Hat Melanchthon sich doch nicht geirrt?

Die Entdeckung der Rörer-Notiz war nicht nur deshalb bedeutsam, weil es sich um den frühesten Beleg für den Thesenanschlag handelt, sondern auch, weil alle anderen, späteren oder indirekteren Zeugnisse für den Thesenanschlag von Gegnern wie von manchen Befürwortern als unzuverlässig verworfen wurden. War das aber überhaupt gerechtfertigt? Schaut man sich noch einmal die wichtigsten Quellen an, dann kommen einem gewisse Zweifel an deren Unzuverlässigkeit.

Schauen wir uns zunächst das bekannteste Zeugnis an, dasjenige Philipp Melanchthons aus seiner Vorrede zur zweiten Ausgabe von Luthers Werken vom 1. Juni 1546, und rufen uns den Wortlaut seines Berichts noch einmal in Erinnerung:

»Als Luther hiermit [mit der Perfektionierung seiner griechischen Sprachkenntnisse] beschäftigt war, wurden in dieser Gegend vom Dominikanermönch Tetzel, einem ganz unverschämten Gauner, Ablassbriefe zum Kauf angeboten. Durch Tetzels gottlose und schändliche Predigten wurde Luther erzürnt, weil er durch seine wissenschaftliche Betätigung für die göttliche Barmherzigkeit brannte. Und deshalb veröffentlichte er Thesen gegen den Ablasshandel, die im ersten Band seiner Schriften stehen. Und

diese Thesen nagelte er öffentlich am Vortag von Allerheiligen im Jahr 1517 an die Kirche, welche neben dem
Wittenberger Schloss steht.«[100]

Wie schon gesagt, war Melanchthon kein Augenzeuge
und berichtete erst nach Luthers Tod vom Thesenanschlag. Andererseits war Melanchthon über Jahrzehnte
hinweg Luthers engster Vertrauter. Um ihn als Zeugen
wirklich auszuschalten, wird daher darauf verwiesen, dass
Melanchthon sich auch in anderen Punkten geirrt habe.
Aber wie ernst sind Melanchthons Irrtümer zu nehmen?
Machen sie ihn als Berichterstatter über die Ereignisse
von vor 1518 gänzlich unglaubwürdig? Hier ist Vorsicht
geboten. Manche Irrtümer Melanchthons beruhen auf Le-
genden, die man sich schon sehr früh in Wittenberg er-
zählte, zum Beispiel die Behauptung, Tetzel habe Luthers
Schriften verbrannt. Andere Irrtümer Melanchthons wiederum sind vielleicht gar keine Irrtümer. Seine Datierung
von Luthers Romreise auf 1511 zum Beispiel galt lange als
falsch, stellt aber im Lichte neuerer Forschungen wieder
als zutreffend dar.[101]

Auch ein anderer Vorwurf gegen Melanchthons Zuverlässigkeit ist sehr fragwürdig. Er lautet: Melanchthon
habe fälschlich behauptet, dass Tetzel 1517 den Ablass in
Leipzig gepredigt habe.[102] Da aber ein diesbezügliches
Verbot seitens Herzog Georgs von Sachsen bestanden
habe, könne das nicht stimmen. Das stimmt zwar im Hinblick auf den Oktober 1517, aber nicht auf das gesamte
Jahr 1517. Denn das entsprechende Verbot Georgs erging
erst kurz vor dem 7. März 1517, wie wir aus einem Brief
Georgs an Friedrich den Weisen wissen.[103] Tetzel wurde

aber bereits vorher, am 22. Januar 1517, mit der Predigt des Petersablasses beauftragt und nahm seine Tätigkeit sofort auf. Schon in der ersten Februarhälfte 1517 finden wir ihn als Ablassprediger in seinem Kloster in Leipzig tätig. Hier hat er zwar angeblich keine Ablassbriefe ausgeteilt und keine Gelder eingenommen, da Herzog Georg aus finanzpolitischen Gründen entschlossen war, »kein gnad zuzulassen«[104], nach Auskunft des dortigen Konvents predigte er dort jedoch den Ablass bis zum 14. Februar.[105] Für Wittenberg und ganz Kursachsen hatte wiederum Luthers Landesherr Friedrich der Weise aus ähnlichen Erwägungen zur gleichen Zeit Tetzels Ablasskampagne nicht gestattet, um seine Einnahmen in Wittenberg zu schützen. Für eine reine Ablasspredigt Tetzels in Leipzig aber, ohne den Verkauf von Ablassbriefen, hatte es also – ganz in Übereinstimmung mit Melanchthons Ausführungen – im Februar 1517 noch durchaus Gelegenheiten gegeben.

Es ist deshalb an der Zeit, zuzugeben, dass das Zeugnis Philipp Melanchthons, des engsten Vertrauten und Mitstreiters Martin Luthers, vom Thesenanschlag als zuverlässige Quelle ernst genommen werden muss. Vor allem seit bekannt ist, dass es mit der Rörer-Notiz durch ein weiteres Zeugnis bestätigt wird, das zudem noch in die Lebenszeit Luthers fällt.

Hinweise, wohin man schaut

Die von Melanchthon durch neuere Forschung nun doch als richtig datiert erwiesene Romreise sollte zu denken geben. Vielleicht enthält so mancher Zeitzeugenbericht trotz tatsächlicher oder angeblicher Irrtümer mehr zuverlässige historische Informationen als erwartet. Voreilig abtun sollte man solche Quellen jedenfalls nicht – vor allem wenn sie von zwei potenziellen Augenzeugen des Thesenanschlags stammen wie Johannes Agricola und Georg Major. Wenden wir uns auch diesen beiden Zeugen noch einmal zu:

Luthers damaliger Famulus Agricola ist als Augenzeuge, wie im vorigen Kapitel erwähnt, etwas ins Abseits geraten. Früher wurde angenommen, er habe in einer undatierten Aufzeichnung »me teste« (»mit mir als Zeugen«) geschrieben, es wird aber wohl richtigerweise als »modeste« gelesen werden müssen: »Anno MDXVII proposuit Lutherus Wittenbergae, quae urbs est ad Albim sita, pro veteri scholarum more themata quaedam disputanda, me teste [oder: modeste] quidem citra ullius hominis aut notam aut iniuriam.« Die Übersetzung der Stelle würde dann richtig lauten: »Im Jahre 1517 legte Luther in Wittenberg an der Elbe nach altem Universitätsbrauch gewisse Sätze zur Disputation vor, in bescheidener Weise und ohne damit jemanden beschimpft oder beleidigt zu haben.« Dieses »modeste« könnte er wohl aus einer 1521 unter Pseudonym herausgegebenen Verteidigungsschrift Melanchthons für Luthers Erläuterung der 95 Thesen, den »Resolutiones« von 1518, haben, in der Melanchthon eine ähnliche Formulierung wählte.[106]

Damit fällt Agricola aber noch nicht als eigenständiger Zeuge des Geschehens aus. Schließlich war er, anders als Melanchthon, im Oktober 1517 tatsächlich in Wittenberg. Selbst wenn er kein direkter Augenzeuge des Anschlags war, so spricht doch sehr viel dafür, dass er den Aushang der 95 Thesen an der Wittenberger Schlosskirche gesehen hat. Vor diesem Hintergrund ist es sehr interessant, was er über die Form des Thesenaushangs zu berichten wusste:

»Da es Gott aller Barmherzigkeit und den Vater alles Trostes gut deuchte, dass er uns die Sonne seiner Wahrheit wiederum wollt leuchten lassen, schickte er uns einen Mann, der im 1517. Jahr den Tetzelschen Ablaß anfocht. Hie ward auf einen halben Bogen Papier diese Meinung gebracht, Christus wäre der einige Mittler zwischen Gott und uns, und um dieses Christus Willen vergebe uns Gott Pein und Schuld (…). Dieser halbe Bogen, diese Predigt machte das Rößlein laufen, machte in vieler Frommen Leute Herzen des Evangeliums rechte Werke, nämlich Buße und Vergebung der Sünden (…).«[107]

Auf einem »halben Bogen Papier«, so Agricola, waren die Thesen geschrieben – also auf einem Folioformat, wie sie für gedruckte Thesenplakate zur Anwendung kamen. Damit gibt Agricola zumindest einen Hinweis darauf, dass die 95 Thesen von Anfang an als Plakatdruck vorlagen. Für die Diskussion über den Thesenanschlag ist das relevant, weil, wie im vorigen Kapitel erwähnt, die Gegner des Thesenanschlags davon ausgehen, dass Luther seine Thesen gar nicht habe drucken lassen, sondern sie nur handschriftlich verbreitet habe. Er habe nur ganz gezielt Meinungen von Gelehrten zum Ablass einholen wollen und habe die 95 Thesen in Wittenberg eher als Geheimsache behandelt. Daher habe er sie nicht drucken lassen – und auch nicht angeschlagen. – Der »halbe Bogen Papier«, den Agricola erwähnt, spricht gegen diese Annahme. Agricola hat vielleicht das gedruckte Thesenplakat an der Schlosskirche hängen sehen, jedenfalls war er überzeugt, dass die Thesen von Anfang an – und von Luther autorisiert – in gedruckter Form vorlagen.

Schauen wir uns auch das Zeugnis Georg Majors noch einmal an, der im Oktober 1517 Sängerknabe in der Wittenberger Schlosskirche war. 1553 schrieb der inzwischen als Probst an der Schlosskirche wirkende Major an Joachim von Anhalt: »Geben zuo Wittemberg in Vigilia omnium Sanctorum, an welchem Tag vor sechß und dreißig jaren der Erwirdigen vnd Hochgelehrte Herr D. Martinus Lutherus / seliger gedechtnuß / erstlich an die Schloßkirchen allhie zuo Wittenberg / da dann auff aller Heyligen tag der groeßte Ablaßkram war / wider solchen Ablaßkram deß Tetzels vnnd anderer die Propositiones hat angeschlagen / welchs die erste vrsach zur reinigung Christlicher Lehr gewesen / Dafür Gott Lob / Ehr vnd Danck sey.«[108] 1557 wiederholte er seine Erzählung vom Thesenanschlag und datierte diesen auf »Aller Heiligen Abend«[109]. Gemeint ist damit natürlich der Abend vor Allerheiligen, entsprechend unserer noch heute benutzten Ausdrucksweise »Sonnabend« für den Samstag vor dem Sonntag. Da der »Abend« in diesem Sinne am Vortag um zwölf Uhr beginnt, rührt daher möglicherweise die später öfter auftauchende Behauptung, Luthers Thesenanschlag sei um zwölf Uhr erfolgt.

83

Unzuverlässig, so die Gegner des Thesenanschlags, sei Major – der nicht ausdrücklich behauptete, Augenzeuge gewesen zu sein – erstens, weil sein Zeugnis so spät sei, und zweitens, weil er anscheinend von Melanchthons Bericht abhänge: Sowohl Melanchthon als auch Major nennen einen Thesenanschlag nur an der Schlosskirche, während Georg Rörer in seiner ersten Notiz einen Thesenanschlag an alle Wittenberger Kirchentüren behauptete – was auch den Universitätsstatuten entsprach. Aber weder ist eine Abhängigkeit von vornherein ausgemacht noch spricht sie automatisch gegen die historische Zuverlässigkeit beider Berichte. Das gilt umso mehr, als es bei Lichte besehen genau dieses Detail ist, das die beiden Berichte besonders interessant macht.

Monumentalisierung: na und?

Der früheste Beleg zum Thesenanschlag nennt also einen Anschlag an alle Wittenberger Kirchentüren. Dies entsprach auch eher den Regularien der Universität, nach der Disputationen durch Anschlag an den Kirchen sowie in der Universität selbst angekündigt werden mussten. Warum nennen Melanchthon, Major und auch der spätere Rörer nur die Schlosskirche, nicht aber die anderen potenziellen Orte des Thesenanschlags, obwohl gerade Melanchthon als jahrzehntelanges Universitätsmitglied die Regularien genau kennen musste? Historiker wie Erwin Iserloh oder jüngst Volker Leppin sehen darin einen Hinweis auf die spätere Monumentalisierung Luthers[110]: Um den Beginn der Reformation in ein möglichst heroisches Licht zu tauchen, so die Behauptung, erfand Melanchthon eine starke Szene, mit der alles begonnen habe. Georg Major und Georg Rörer schließlich seien der monumentalisierten Version des großen Melanchthon ehrerbietig gefolgt.

Aber ist das wirklich überzeugend? Wäre es im Sinne der Monumentalisierung nicht sinnvoller gewesen, den Thesenanschlag nicht an der Schlosskirche, sondern an der Stadtkirche stattfinden zu lassen? Die Wittenberger Stadtkirche war die Predigtkirche Luthers, die »Mutterkirche der Reformation«. Sie wäre als Ursprungsort der Reformation viel naheliegender gewesen: Noch 1523 sah Luther die beiden Kirchen im direkten Gegensatz: Hier die städtische Pfarrkirche, »das wahre Haus aller Heiligen«, dort der Allerheiligenstift als »Haus aller Teufel«[111]. Mit dem Ende der Heiltumsschauen (und dem damit einhergehenden heimlichen Verkauf der Reliquiare) sowie dem Ende der altgläubigen Messen in der Schlosskirche spätestens ab dem 2. Dezember 1524[112] war deren sakrale Bedeutung gegenüber der Stadtkirche enorm abgefallen. Ihre Symbolkraft stieg erst zum einhundertjährigen Jubiläum der Reformation im Jahre 1617 wieder, als man sich erneut der Reliquienverehrung des Wittenberger Heiltums[113], des Ablassverkaufs und des Ablasspredigers Johann Tetzel und nicht zuletzt des Thesenanschlags[114] entsann und sie als wirksame Symbole gegen die katholische Gegenreformation aufbaute. Zum Entstehungszeitpunkt der Berichte über den Thesenanschlag an der Schlosskirche war eine derartige topographische Engführung gar nicht unbedingt im Sinne einer Monumentalisierung.

Warum also betonen Melanchthon und Major (und später auch Rörer) allein die Schlosskirche als Ort des Anschlags? Die Gründe, die man anführen könnte, sind vielfältig: Zunächst sollte man die Möglichkeit in Betracht ziehen, dass Major dem Thesenanschlag an der Schlosskirche tatsächlich persönlich beiwohnte, ihn also bezeugen konnte und deshalb eben auch bezeugte. Es ist aber natürlich auch möglich, dass Major die Schlosskirche wegen seiner persönlichen Bindung an diese ins Zentrum rückte und die anderen Thesenanschlagorte vernachlässigte. Im Falle Melanchthons könnte es sich bei der Betonung der Schlosskirche um den Versuch handeln, deutlich zu machen, wie eng von Beginn an die Reformation und die kurfürstliche Herrschaft miteinander verbunden gewesen seien. Möglich wäre auch, dass Melanchthon einfach von der Gegenwart des Jahres 1546 ausging, als die Schlosskirche tatsächlich der einzige öffentliche Ort für Disputationen geworden war.

Aber zugegeben, auch eine echte, bewusste Monumentalisierung könnte im Hintergrund der Konzentrierung der Ereignisse vom 31. Oktober 1517 auf die Schlosskirche stehen. Zwar lag die Wittenberger Stadtkirche als mythischer Ursprungsort der Reformation eigentlich näher, aber die Schlosskirche bot, wie im vorigen Kapitel erläutert, ebenfalls einen guten narrativen Anknüpfungspunkt: Denn die Schlosskirche war ja genau der Ort, an dem der »Ablasskram« ausgestellt wurde, wie Major sich ausdrückte. Hier wurden an Allerheiligen die Reliquien Friedrichs des Weisen ausgestellt, ein sichtbares Zeichen jener veräußerlichten Frömmigkeit, gegen die sich Luthers Kritik gerade richtete. Mit der Betonung der Schlosskirche als Ort des Thesenanschlags und dem Vorabend von Allerheiligen als Datum machten Melanchthon und Major ganz deutlich, dass der Thesenanschlag ein bewusster Akt des Protests gegen die Missstände der Papstkirche war.

Aber selbst wenn die Fokussierung auf einen einzigen Thesenanschlag anstelle von mehreren eine bewusste Verdichtung gewesen sein sollte, geschaffen, um die hohe Bedeutung des Ereignisses zu unterstreichen, den Protestcharakter der Aktion zu betonen und den Beginn der Reformation zu monumentalisieren: na und? All das widerspricht überhaupt nicht der Faktizität des Thesenanschlags. Wie schon gezeigt, ist der Thesenanschlag ein Mythos, also eine bildhafte Verdichtung – und nicht etwa eine Erfindung – der historischen Realität. Das Interesse an einer Monumentalisierung der Reformation mag die Art und Weise geprägt haben, *wie* vom Thesenanschlag erzählt wurde, aber die Tatsache, *dass* der Thesenanschlag stattfand, ist dadurch gar nicht infrage gestellt. Ob Luther nun die Thesen nur an die Schlosskirche anschlug oder – was doch wahrscheinlicher ist – auch an die anderen Kirchen sowie an den entsprechenden Orten in der Universität selbst: Der Thesenanschlag an die Tür der Schlosskirche war der entscheidende symbolische Akt. Ihn in der nachträglichen Erzählung zu betonen, war daher sinnvoll. Erfunden werden musste er nicht.

Hinweise von Johannes Agricola und Georg Major, starke Zeugnisse von Philipp Melanchthon und Georg Rörer – ist damit der Thesenanschlag nicht längst eindeutig erwiesen? Nicht, solange Luther selbst widerspricht. Im vorigen Kapitel haben wir bereits darauf hingewiesen, dass Luthers Schweigen vom Thesenanschlag das stärkste Argument der Thesenanschlagsgegner ist – vor allem solange diese noch zusätzlich argumentieren können, dass Luthers eigene Äußerungen der Jahre 1517 und 1518 mit einem Thesenanschlag gar nicht vereinbar seien, dass also, wer einen Thesenanschlag behaupte, zugleich Luther einen Lügner nennen müsse. Wir hatten schon erläutert, dass man das Problem des »lügenden Luthers« aber nicht dadurch loswird, dass man den Thesenanschlag zur Legende erklärt. Denn auch dann scheint Luther in Briefen, die er 1518 an den Papst und an den Kurfürsten schreibt, eine Darstellung der Ereignisse zu geben, die unmöglich den Tatsachen entsprechen kann.

Wie lösen wir dieses Problem? Führen wir uns die entsprechenden Briefe Luthers noch einmal vor Augen:

Anfang November 1517 schrieb Luther einen Brief an Georg Spalatin, den engen Vertrauten und Ratgeber Friedrichs des Weisen: »Ich wollte nicht, dass meine Thesen in die Hände unseres erlauchtesten Kurfürsten oder irgendeiner anderer Person an seinem Hof gelangten, bevor nicht diejenigen sie erhalten hatten, die sich durch jene Thesen getadelt glaubten, damit sie nicht vielleicht glauben mochten, dass ich die Thesen gegen den Bischof von Magdeburg auf Befehl oder mit Zustimmung des Kurfürsten veröffentlicht hatte. (…) Aber es ist unbedenklich, nun sogar zu schwören, dass die Thesen ohne Wissen von Kurfürst Friedrich herausgegangen sind.«[115]

Ähnlich argumentierte Luther in einem Schreiben ein Jahr später, das er direkt an Friedrich den Weisen richtete: »Denn so haben selbst bei uns einige in verleumderischer Absicht verbreitet, ich hätte diese Sätze [die 95 Thesen] nach Aufforderung und auf Anraten Eurer Hoheit hin zu disputieren gebeten. Dabei hat von dieser Disputation niemand daselbst von den engsten Freunden gewusst außer der ehrwürdige Herr Erzbischof von Magdeburg und der Herr Hieronymus, Bischof von Brandenburg; denn, weil ihnen ja daran gelegen sein musste, derartige Ungereimtheiten zu unterbinden, habe ich sie in Privatschreiben – und zwar bevor ich die Disputationsthesen veröffentlichte – in demütiger und ehrerbietiger Weise aufgefordert, die Herde Christi vor diesen Wölfen zu behüten. Ich wusste sehr wohl, dass ich diese Angelegenheit nicht vor die weltliche Obrigkeit, sondern zuerst vor die Bischöfe zu bringen hätte.«[116]

Das klingt zunächst tatsächlich so, als habe Luther nur die beiden genannten Bischöfe von seiner Ablasskritik in Kenntnis gesetzt und nicht einmal seinen engen Freunden etwas über seine Disputationsthesen verraten. Mit dieser Schilderung scheint ein öffentlicher Anschlag der Thesen nicht vereinbar zu sein, jedenfalls nicht am 31. Oktober 1517, dem Tag, an dem Luther seine Thesen nachweisbar mindestens dem einen der beiden Bischöfe, Albrecht nämlich, zuschickte. Der Brief Luthers vom Mai 1518 an Papst

Leo X. deutet in dieselbe Richtung: »Deshalb ermahnte ich privatim einige hohe Würdenträger der Kirche. Hier wurde ich von einigen angehört, anderen erschien ich lächerlich, anderen noch anders, denn die Furcht vor Deinem Namen und die Androhung von Kirchenstrafen behielt die Oberhand. Endlich, als ich nichts anderes tun konnte, hielt ich es für das Beste, ihnen wenigstens ganz vorsichtig entgegenzuarbeiten, das heißt, ihre Lehren in Zweifel zu ziehen und zu einer Disputation darüber aufzurufen. So gab ich einen Disputationszettel heraus und lud nur Gelehrte dazu ein, etwa darüber mit mir zu disputieren (...).«[117]

Die drei Briefe legen folgende Chronologie nahe: Zuerst kontaktierte Luther seine kirchlichen Vorgesetzten (nachweisbar durch den Brief an Albrecht vom 31. Oktober 1517), und erst nachdem er mit deren uneindeutigen Antworten nicht zufrieden war, kündigte er die Disputation an. Wie schon im vorigen Kapitel gezeigt, gibt es bei dieser Version aber ein erhebliches Problem: Sie kann unmöglich stimmen. Denn Luther sandte seine Thesen nachweislich schon am 11. November 1517 an Kollegen, wie etwa Johannes Lang in Erfurt. Die Zeit zwischen dem 31. Oktober und dem 11. November wäre viel zu kurz, hätte Luther hier wirklich auf eine Antwort seiner Vorgesetzten warten wollen.

Noch komplizierter wird es, wenn man sich zwei Briefe ansieht, die Luther im Februar 1518 schrieb und die wieder eine andere Ereignisabfolge nahelegen. So schreibt Luther in einem heute allgemein auf den 13. Februar 1518 datierten Brief an Bischof Hieronymus von Brandenburg, dem er die »Resolutiones«, also die Erläuterungen der 95 Thesen, beilegte: »Um beiden [Seiten im Streit um den Ablass] Genüge zu tun, schien es mir der beste Rat zu sein, beiden weder zuzustimmen noch ihnen Unrecht zu geben, sondern einstweilen über eine so große Sache zu disputieren, bis die heilige Kirche festsetzte, was man meinen solle. Daher ließ ich eine Disputation ausgehen, zu der ich öffentlich alle einlud und bat, persönlich aber alle, die ich als die Gelehrtesten kannte, dass sie mir brieflich ihre Meinung eröffnen möchten. Denn mir schien in diesen Dingen weder die Schrift wider mich zu stehen, noch die Lehrer der Kirche, noch das geistliche Recht selbst (…). Als ich daher alle in diese Arena rief, aber keiner kam, und sodann sah, dass meine Disputationen weiter verbreitet wurden, als ich gewollt hatte, und weithin nicht als etwas, darüber zu disputieren sei, sondern als sicher angenommen wurden, sah ich mich gegen meine Erwartung und meinen Wunsch gezwungen, meine Unerfahrenheit und Unkenntnis unter die Leute zu bringen und die Erklärungen und Beweise der Disputationen öffentlich herauszugeben.«[118]

Hier spricht Luther ausdrücklich von der öffentlichen Einladung zur Disputation über die 95 Thesen und suggeriert zudem eine Gleichzeitigkeit von öffentlicher Einladung und privater brieflicher Versendung der Thesen. Von einer öffentlichen Einladung spricht Luther übrigens noch in einem weiteren Brief, der am 15. Februar 1518, also fast zeitgleich mit dem Brief an Hieronymus, an Spalatin ging: »Mich, der ich *ante fores* [= vor der Haustür] einlud und aufforderte, verachten sie und beschwatzen in den Winkeln, was wissenschaftlich zu verteidigen sie sich außerstande sehen.«[119] Mit diesen beiden Schilderungen ist ein Thesenanschlag gut vereinbar, und alles spricht für den 31. Oktober 1517 als Datum.

Also: An Spalatin und Friedrich den Weisen schreibt Luther so, dass es klingt, als habe er seine Disputationsthesen eigentlich nur zwei Bischöfen zugeschickt und jedenfalls in Wittenberg selbst niemandem etwas von den Thesen gesagt. An einen dieser beiden Bischöfe sowie wiederum an Spalatin schreibt Luther, er habe öffentlich zur Disputation aufgerufen, es habe aber niemand offen gegen Luther disputiert, die Thesen hätten sich in der Öffentlichkeit verselbstständigt, und Luther habe schließlich Erklärungen der Thesen verfasst und publiziert. Und laut seiner Schilderung gegenüber Leo X. schrieb Luther zuerst einigen kirchlichen Würdenträgern, wartete deren Antwort ab und rief danach zu einer Disputation nur unter Gelehrten auf.

Die Versionen, die Luther seinen verschiedenen Briefpartnern bietet, scheinen sich zu widersprechen. Welche Version ist die richtige? Lügt Luther gegenüber einem oder mehreren seiner Briefpartner? Oder wurden seine Aussagen falsch oder überzogen interpretiert?

Letzteres ist zumindest möglich im Hinblick auf Luthers Brief an den Papst. Die Chronologie der Ereignisse: zuerst Briefe an kirchliche Würdenträger, darunter der Brief an Albrecht von Brandenburg vom 31. Oktober 1517, dann keine oder unbefriedigende Antworten und dann Einladung zur Disputation, kann nicht stimmen, denn die brieflichen Einladungen erfolgten spätestens ab dem 11. November, also nur wenige Tage nach dem Brief an Albrecht. Dieser Widerspruch in der Chronologie der Ereignisse ließe sich aber elegant lösen, wenn man, wie aktuell Roland Bergmeier, davon ausgeht, dass Luther mit den »hohen Würdenträgern« gar nicht Albrecht von Brandenburg und Bischof Hieronymus meinte, sondern frühere Briefempfänger, denen er schon weit vor dem 31. Oktober 1517 seine Einwände gegen den Ablasshandel geschickt hätte, allerdings noch ohne beigefügte Thesenreihe.[120] Dann wäre die Ereignisfolge: Luther schreibt Beschwerdebriefe an kirchliche Würdenträger, erhält keine hinreichenden Antworten, erarbeitet daraufhin seine 95 Thesen und lädt zur Disputation ein und informiert unter anderem brieflich Albrecht von Brandenburg am 31. Oktober.

Eine weitere Quelle stützt diese Annahme. Sie stammt von Friedrich Myconius, einem emsigen Verehrer Luthers und reformatorischen Pfarrer in Gotha. Myconius schrieb in seiner 1541 – zu Lebzeiten Luthers! – erschienenen »Historia Reformationis«: »Doctor Martinus schrieb erstlich vier Bischöffen, als dem von Meissen, Franckfort, Zeitz und Merseburg, darnach auch dem Bischoff von Mayntz Alberto. (…) Do Doctor Martinus Luther sahe, daß die Bischoff auch nichts darzu thun wollten, da schreib er etliche propositiones vom Ablaß [die 95 Thesen] (…). Und ließ dieselben drucken und wolt nur mit Gelerten der hohen schulen Wittenberg davon disputiren, was denn Ablaß wäre, was er vermöcht, wu er herkäme, und wieviel er gülte etc. Aber ehe 14 Tage vergangen, waren diese propositiones durch das ganze Teuschtland und in

93

vier Wochen schier die ganze Christenheit durchlauffen, als wären die Engel selbst Botenläuffer und trügens für aller Menschen Augen.«[121]

Ein Augenzeuge war Myconius selbstverständlich nicht. Überhaupt scheint sein Werk mehr von reformatorischer Begeisterung als von wortgetreuer Wiedergabe historischen Geschehens motiviert worden zu sein.[122] Dieser Sachverhalt lässt ihn für die meisten Forscher als historische Quelle quasi vollständig ausscheiden. Aber ein Detail von Myconius' Bericht ist doch interessant: Bei den vier von ihm genannten Bischöfen (von dem nicht existenten »Bischof von Frankfurt« einmal abgesehen) könnte es sich um jene »kirchliche Würdenträger« handeln, von denen Luther gegenüber dem Papst behauptete, sie vor jeder Veröffentlichung von Disputationsthesen in der Ablassfrage angeschrieben zu haben. Myconius bestätigt diesen Ablauf, wenn er schreibt, dass Luther sich an vier Bischöfe gewandt habe und erst »darnach« an Albrecht von Brandenburg.

Was ist aber mit Luthers Äußerungen in Richtung Kurfürst über den letztlich geheimen Charakter der 95 Thesen? Diese scheinen doch gegen einen öffentlichen Thesenanschlag in Wittenberg zu sprechen? Die naheliegende Erklärung lautet, dass Luther hier taktisch argumentierte. Offensichtlich wollte Luther den sächsischen Kurfürsten vor einer Vereinnahmung durch seine Gegner schützen. Dass Luther aus einem solchen Motiv handelte, ist auch daran erkennbar, dass es niemals zu einer offiziellen Begegnung zwischen Friedrich dem Weisen und Luther kam. Wenn der Kurfürst von den Vorgängen offiziell nicht wissen konnte, konnte er auch kaum als Auftraggeber für Luthers Thesenanschlag (und somit für den Angriff auf die Ablasspolitik des Hohenzollern Albrecht von Brandenburg) gelten oder gar sich seine neuen Ideen zu eigen gemacht haben. So konnte Luther problemlos gegenüber dem Kurfürsten den Eindruck erwecken, dass die Thesen ohnehin so gut wie unbekannt gewesen seien, und damit zugleich den Kurfürsten von dem Vorwurf entlasten, er sei Mitwisser oder gar Unterstützer Luthers. Übrigens hätte Luther den Kurfürsten sowieso nicht um sein Einverständnis für die Veröffentlichung der Thesen bitten müssen: Schon Karlstadt hatte seine Thesenreihe im April 1517 ohne Wissen Friedrichs des Weisen angeschlagen.[123]

Sprechen Luthers eigene Äußerungen der Jahre 1517/18 nun also doch eher für als gegen einen Thesenanschlag? Zumindest widersprechen sie einem Thesenanschlag nicht, sondern lassen ihn eher plausibel erscheinen. Und zwar einen Thesenanschlag am 31. Oktober 1517, denn dieser Tag stellte für Luther im Nachhinein die entscheidende Zäsur dar. Luthers Brief[124] vom 1. November 1527 an Nikolaus von Amsdorf, das Dokument der wohl allerersten Feier des Reformationsjubiläums, haben wir schon erwähnt. Eine gleichlautende Äußerung Luthers ist in einer Tischrednennotiz von Cordatus überliefert: »Anno 17. in die omnium sanctorum incepi primum scribere contra papam et indulgentias«[125]: »Im Jahr 1517 begann ich am Tage Allerheiligen zuerst gegen den Papst und die Ablässe zu schreiben.« Einer anderen Tischrednennotiz zufolge war Luther die Bedeutung 31. Oktober 1517 sogar schon wenige Tage später bewusst: »Wie gar schwerlich ging es an, da wir im Jahr 17 nach Allerheiligen nach Kemberg reisten, als ich erstmals gegen die schweren Irrtümer der Ablässe zu schreiben begonnen hatte. Da entgegnete mir Doktor Hieronymus Schurff: Ihr wollt gegen den Papst anschreiben? Was wollt Ihr machen? Man wird es nicht dulden. Ich sagte: Und was, wenn man es erdulden müsste?«[126]

Zu einem eindeutigen Zeugen für den Thesenanschlag macht Luther all dies natürlich nicht. Denn in keiner seiner Äußerungen ist von einem öffentlichen Anschlag der Thesen die Rede; alles, was er zum 31. Oktober 1517 schrieb und sagte, könnte sich theoretisch auch auf den bloßen brieflichen Versand der Thesen beziehen. Aber: Ein Zeuge *gegen* den Thesenanschlag ist Luther nicht. Seine Darstellungen lassen sich vielmehr sehr gut mit einem Thesenanschlag am 31. Oktober 1517 vereinbaren. Und dieser wiederum ist durch andere Zeugen hinlänglich belegt.

Disputieren in Wittenberg

Ein kleines Problem bleibt allerdings noch, und zwar die fehlende Disputation. Luthers Thesenanschlag diente der öffentlichen Einladung zu einer Disputation in Wittenberg, die normalerweise etwa eine Woche nach dem Anschlag stattfand. Für eine solche Disputation existiert aber kein einziger Beleg, und Luther selbst schrieb im Februar 1518, wie wir gesehen haben, dass er zwar eingeladen habe, aber niemand gekommen sei. Aber ist das plausibel? Die Gegner des Thesenanschlags argumentieren, dass Lu-

ther eine Disputation statutengemäß einfach hätte er-
zwingen können. Wenn keine Disputation stattfand, dann
wollte er vielleicht gar keine durchführen? Vielleicht
reichte es ihm, seine Thesen brieflich zu diskutieren, und
er verzichtete daher auf einen öffentlichen Aushang? Um
diese Fragen zu klären, ist es nötig, sich vor Augen zu führen, in welchen Fällen überhaupt an der Wittenberger
Universität Thesen disputiert wurden:

Üblich waren laut den Wittenberger Universitätsstatuten für Professoren drei Arten von Disputationen. Die
erste waren Promotionsdisputationen der eigenen Schüler, für die der akademische Lehrer – wie im akademischen
Prüfungsverfahren damals üblich – die Thesen selbst formulierte. Luther schrieb in diesem Sinne die Disputationsthesen für Bartholomäus Bernhard im September
1516 und für Franz Günther am 4. September 1517. Die
Thesenreihe für Günther, mit dem Titel »Contra scholasticam theologicam«, ist in einem einzigen Exemplar erhalten.[127] Es handelt sich um einen zweiseitigen Druck aus
der Wittenberger Druckerei Rhau-Grunenbergs, des einzigen Druckers zu dieser Zeit in Wittenberg. Günther
musste Luthers Thesen verteidigen, was ihm offenbar mit
Bravour gelang, denn er wurde daraufhin zum Baccala-
reus Biblicus promoviert. Bei den 95 Thesen, die Luther
offensichtlich selbst verteidigen wollte, kann es sich nicht
um eine Promotionsdisputation gehandelt haben.

Die zweite Art waren sogenannte Zirkulardisputationen. Diese fanden wöchentlich am Freitag statt, der einladende Professor formulierte Thesen, hängte sie eine
Woche vor dem avisierten Termin aus, legte den Teilneh-

merkreis fest und bestimmte die Disputanten. Auch dieses Verfahren passt nicht für die 95 Thesen, da sie nicht an einem Freitag, sondern an einem Sonnabend angeschlagen wurden, da weder ein Disputationstermin noch ein Teilnehmerkreis benannt wurden – und da eine Zirkulardisputation kaum mangels Disputanten hätte ausfallen können, da Luther das Recht hatte, die Disputanten einfach festzulegen.

Bleibt für die 95 Thesen nur die dritte Disputationsart: Nach Vorschrift der Universitätsstatuten sollten die Professoren einmal im Jahr »publice, solenniter et ordinarie«[128] eine Disputation durchführen (»öffentlich, feierlich und ordentlich«). Dies passt zu Luthers Vorgehen, und es passt auch zu der hohen Bedeutung, die Luther gerade den Ablassthesen beimaß. Er ging sogar noch über das übliche Maß hinaus, wenn er in der Vorbemerkung zu den Thesen erklärte, dass er den Teilnehmerkreis noch über die Angehörigen der Wittenberger Universität hinaus erweitern wolle – und dass er ausdrücklich ergebnisoffen zu disputieren gedenke: »Aus Liebe zur Wahrheit und im Verlangen, sie zu erhellen, sollen die folgenden Thesen in Wittenberg disputiert werden unter dem Vorsitz des ehrwürdigen Vaters Martin Luther, Magister der Freien Künste und der heiligen Theologie, dort auch ordentlicher Professor der Theologie. Daher bittet er jene, die nicht anwesend sein können, um mit uns mündlich zu debattieren, dies in Abwesenheit schriftlich zu tun. Im Namen unseres Herrn Jesus Christus. Amen.«[129]

Die in seinen Thesen behandelten Fragen waren für Luther offenbar so wichtig, dass er sie auch über die Wittenberger Fakultät hinaus verbreitet und diskutiert sehen wollte. Aus diesem Grund bat er auch Theologen aus den Nachbaruniversitäten sowie weitere Fachkollegen um briefliche Stellungnahmen zu seinen Thesen.

Hätte Luther aber im Falle einer tatsächlichen Disputationsankündigung per Aushang das avisierte Datum nicht gleich mit angegeben? Nicht unbedingt. Denn auch bei anderen Disputationsankündigungen wurde nicht immer auch gleich der Termin auf dem Thesenaushang mit angegeben. So wird etwa auf dem Druck der im Original erhaltenen Thesenreihe Luthers gegen die Scholastik angekündigt, dass Ort und Zeit der Disputation nachgereicht würden. Die Festlegung des Disputationsdatums konnte also sehr wohl noch nach der Drucklegung erfolgen. Es wäre daher eine reine Spekulation, vom Nichtstattfinden der Disputation auch auf das Nichtstattfinden eines Thesenanschlags zu schließen. Weit plausibler bleibt Luthers eigene Behauptung, er habe in die Arena gerufen, es sei aber niemand gekommen.

Der erste Thesendruck: gefunden!

Bleibt eine allerletzte Unsicherheit, nämlich der fehlende Wittenberger Thesendruck. Für die Gegner des Thesenanschlags ist klar: Es gab gar kein von Luther autorisiertes Druckexemplar, sondern nur von ihm angefertigte handschriftliche Versionen sowie in den Wochen nach dem 31. Oktober 1517 ohne Luthers Wissen in Auftrag gegebene Drucke. Die Befürworter des Thesenanschlags dagegen gehen von einem Druck der Thesen aus, den Luther selbst beauftragte. Der Grund für die eine wie die andere Auffassung ist der Aufwand handschriftlicher Kopien. Natürlich konnte ein erfahrener Schreiber, wie es bereits der junge Luther war, ein paar eigenhändige Kopien mit etwas Mühe bewerkstelligen. Und die Statuten der Wittenberger Universität verboten selbstverständlich auch keine handschriftliche Ausfertigung von Thesenreihen. Doch führt man sich, wenn man von einem statutengemäßen Thesenanschlag ausgeht, die Zahl der benötigten Exemplare vor Augen – drei für die Wittenberger Hauptkirchen, zwei mögliche weitere für die beiden Kapellen plus eine nicht unbeträchtliche unbekannte Anzahl für den brieflichen Versand an Theologen außerhalb Wittenbergs sowie mindestens noch ein weiteres Exemplar für den Anschlag an der Fakultät selbst –, dann erscheint der Aufwand für eine handschriftliche Form doch unverhältnismäßig groß. Und was noch wichtiger ist: Die erhaltenen Thesenreihen Luthers, aber auch etwa Karlstadts, sind sämtlich in gedruckter Form erschienen. Es gehörte offensichtlich auch zum »guten Ton«, das Medium des Drucks in der Universität zu nutzen, man legte zunehmend Wert auf ästhetische Form und leserliches Druckbild: Aus dem Zeitraum zwischen 1516 und 1523 lassen sich mehr als 80 gedruckte Thesenreihen nachweisen, die für Disputationen in Wittenberg vorgesehen waren.

Gab es also einen Wittenberger Erstdruck, auch wenn kein Exemplar erhalten ist? Der Weg zu einem Drucker wäre jedenfalls für Luther nicht weit gewesen: Der Lutherdrucker Johannes Rhau-Grunenberg saß quasi direkt mit im Hause, im Augustinerkloster. 1508 war Rhau-Grunenberg aus Erfurt nach Wittenberg gekommen und füllte dort die Lücke, die durch den Weggang des Humanisten und Frühdruckers Nikolaus Marschalk Anfang 1505 gerissen worden war. In den vier druckerlosen Jahren hatten sich die Wittenberger Professoren eines gewerblichen Druckers in Leipzig (Martin Landsberg) bedient, um ihre Schriften zum Druck zu bringen.

Die Druckleistung Rhau-Grunenbergs war allerdings zunächst überschaubar. Er beschränkte sich auf einen engsten Zusammenhang mit der Universität und dem akademischen Lehrbetrieb und druckte etwa die Textausgaben für Vorlesungen. Da einige Drucke den Zusatz »apud Augustinos« tragen, dürfte er direkt im Augustinerkloster seine Druckerei betrieben haben, vermutlich in einem der leerstehenden ehemaligen Spitalgebäude auf dem Gelände, das später durch das Augusteum überbaut wurde. Im Zeitraum von 1508 bis 1517 entstanden bei ihm pro Jahr nur zwischen vier (1513) und zwölf Titel (1510–1512), wobei die meisten dieser Titel nur einen Umfang von wenigen Blatt hatten. Für das Jahr 1513 ist eine Klage an den Kurfürsten bekannt, dass die Studenten sich teurere Bücher von außerhalb zulegen müssten, da der Drucker krank sei. Eine ähnliche Klage findet sich auch für das Jahr 1516. In diesem Jahr druckte Rhau-Grunenberg erstmals für Luther, nämlich die von Luther herausgegebene »Theologia deutsch«.

Wie sieht es mit der Drucktätigkeit Rhau-Grunenbergs im Jahr 1517 aus? Kam er für den Druck der 95 Thesen infrage? Nur fünf nachweisbare Drucke brachte Rhau-Grunenberg 1517 heraus. Womöglich war es die Krankheit des Druckers, womöglich aber auch der Umzug seiner Druckerei innerhalb Wittenbergs, die zu diesen geringen Druckzahlen führen, die 1517 übrigens exakt der Satzleistung von 1516 entsprechen: In beiden Fällen waren es genau 558 Druckseiten (im Vergleich dazu 1518: 942 und 1519: 1582).[130] Bei einem so geringen Druckumfang ist die Wahrscheinlichkeit relativ hoch, dass die Wittenberger Professoren sich 1517 für ihre Texte auch an andere Drucker wandten. Das gilt umso mehr, als Luther sich ausdrücklich über die schlechte Druckqualität der Rhau-Grunenberg'schen Offizin beschwerte und zum Beispiel noch im September 1516 einen Druck seiner Psalmenvorlesung bei ihm mit der Begründung ablehnte, dass die Schrift aufgrund der groben Drucktypen wenig elegant geraten würde.[131] 1525 stellte Rhau-Grunenberg den Betrieb schließlich ganz ein, als mit Melchior Lotter und Hans Lufft weitere Drucker nach Wittenberg gekommen waren, um die gestiegene Nachfrage nach Druckerzeugnissen in Wittenberg zu bedienen.

Trotz alledem wäre es natürlich theoretisch möglich, dass die 95 Thesen in Wittenberg bei Rhau-Grunenberg gedruckt wurden, dass sich aber kein einziges Exemplar erhalten hat. Immerhin ließ Luther im Jahr 1517 nicht nur seine Auslegung der Bußpsalmen, sondern auch seine Thesenreihe gegen die scholastische Theologie vom September 1517 bei Rhau-Grunenberg drucken. Das einzige erhaltene Exemplar dieser Thesenreihe wurde 1983 in Wolfenbüttel wiederentdeckt. Von einem Wittenberger Druck der 95 Thesen fehlt aber weiterhin jede Spur. Inzwischen können wir mit ziemlicher Sicherheit sagen, dass es einen Wittenberger Druck auch niemals gab. Das heißt aber keineswegs, dass die Thesen ursprünglich handschriftlich verbreitet worden wären, wie die Gegner des Thesenanschlags behaupten. Sondern es heißt, dass Luther sich für den Druck der 95 Thesen eines anderen Druckers bediente.

Drei verschiedene Druckausgaben der 95 Thesen aus dem Jahr 1517 beziehungsweise der Jahreswende 1517/18 sind erhalten und kämen theoretisch als Urdruck infrage: ein Druck aus der Leipziger Offizin von Jakob Thanner, ein Nürnberger Druck von Hieronymus Höltzel sowie eine von Adam Petri besorgte Baseler Ausgabe. Letztere scheidet allerdings aus, weil sie die 95 Thesen auf vier Blättern im Quartformat druckte, also nicht im für den Aushang bestimmten Plakatformat, sondern in einer Version für den Einzelleser und für die Aufbewahrung in Bibliotheken. Es ist daher auch kein Zufall, dass mehr als zwanzig Exemplare des Baseler Drucks überliefert sind, während sich von der Nürnberger Fassung nur vier, von der Leipziger Fassung sogar nur drei Exemplare erhalten haben.

Neben dem Format unterscheiden sich die Drucke im Hinblick auf die Zählung der Thesen, die offensichtlich nicht vom Manuskript Luthers herrührt, sondern von den Druckern jeweils eigenmächtig festgelegt worden zu sein scheint: Der Leipziger Plakatdruck ist der einzige, bei dem eine fortlaufende arabische Zählung vorgesehen war, aber daran kläglich scheiterte. Ob es an einer übereilten Fertigstellung lag (der Druck enthält daneben auch zahlreiche orthografische Fehler) oder ob der Drucker Jacob Thanner mit den im Druckwesen noch relativ neuen arabischen Ziffern nicht zurechtkam, ist unklar. Die Zählung erscheint jedenfalls reichlich konfus: Ein Zahlendreher macht aus 24 die 42, nach 26 wird mit 17 weitergezählt. Zudem unterteilte Thanner zwei eigentlich zusammengehörende Sätze in jeweils zwei Thesen (die nach heutiger Zählung als These 55 geltende These wird hier gezählt als Nummer 45 und 46 sowie These 83 als Nummer 74 und 75). So kommt der Druck am Ende auf 87 Thesen. Geschickter, und vielleicht auf diesen Fehldruck reagierend, ging der Nürnberger Drucker Höltzel vor, indem er drei Blöcke von je 1–25 und einen von 1–20 Thesen mit arabischen Zahlen versah. Adam Petri in Basel wählte ebenfalls diese Variante, allerdings verwendete er die klassischen römischen Zahlen: i-xxv, i-xxv, i-xxv, i-xx.

Den Baseler Druck haben wir bereits als Erstdruck ausgeschlossen. Was ist mit den beiden anderen? Lange galt der Nürnberger Druck in der Forschung als der älteste der Drucke. Meist wurde darauf verwiesen, dass der Gelehrtenkreis um Christoph Scheurl in Nürnberg einen Nachdruck der zu ihnen gelangten (demnach handschriftlichen) Kopie von Luthers Thesenreihe beauftragt hätte. Ein echter Grund für die Annahme, dass das Nürnberger Exemplar der Erstdruck der Thesen ist, ist das aber nicht. In jedem Fall wäre bei dieser Abfolge der Nürnberger Druck deutlich nach dem 31. Oktober 1517 entstanden und wurde auch nicht von Luther autorisiert. An der Wittenberger Schlosskirche kann kein Nürnberger Exemplar gehangen haben.

Wie sieht es aber mit dem Leipziger Druck aus? Der Drucker Jacob Thanner war in Wittenberg in dieser Zeit kein Unbekannter: Er ist ab 1498 in Leipzig nachweisbar, betrieb seine Druckerei bis zum Anfang der 1520er Jahre und stellte in dieser Zeit etwa 550 Titel her. Vor allem für die Universität Leipzig, aber eben auch für die Wittenberger Leucorea stellte Thanner Drucke für den universitären Betrieb her. Einfach, ohne jeden Versuch zu gehobener künstlerischer Ausgestaltung, meist aber gut und sauber. Er kommt also durchaus für den Urdruck der 95 Thesen infrage.

Eines der drei erhaltenen Exemplare liefert einen entscheidenden Hinweis darauf, dass es sich beim Leipziger Druck tatsächlich um den Urdruck handelt: Auf dem Exemplar[132] des Geheimen Staatsarchivs Preußischer Kulturbesitz in Berlin befindet sich eine handschriftliche Notiz: »Anno 1517, ultimo Octobris, vigilie Omnium sanctorum idulgentie primum impugnate«: »Im Jahr 1517, am letzten Oktober, dem Vortag vor Allerheiligen, wurde der Ablass zum ersten Mal bekämpft.« Eine jüngst erfolgte paläographische Untersuchung[133] hat ergeben, dass es sich bei der Handschrift um diejenige von Luthers engem Vertrauten Johannes Lang handelt, der seit 1516 Prior des Erfurter Augustinerklosters war.

Abb. 12: Johannes Langs Notiz auf dem Leipziger Thesendruck, 1517. Geheimes Staatsarchiv Preußischer Kulturbesitz (abgekürzt GStA PK), I. HA Geh. Rat. Rep. 13 Religionsstreitigkeiten im Reich, Nr. 4–5 a, Fasz. 1.

Durch diese Notiz ist es möglich, den Thesendruck genauer zu datieren. Denn Luther schrieb am 11. November 1517 einen Brief an Lang, dem er die 95 Thesen beilegte – also höchstwahrscheinlich genau das Exemplar, das sich heute im Geheimen Staatsarchiv befindet. Luther hatte Lang zuvor bereits seine Thesen gegen die scholastische Theologie zugeschickt. Darauf nahm er Bezug, wenn er am 11. November 1517 an Lang schrieb: »Hier schicke ich Euch abermals neue Paradoxen [gemeint sind die Ablassthesen]; vielleicht ärgern sich Eure Theologen auch an diesen und sagen – wie es alle ohne Unterschied von mir tun –, dass ich unbedacht und stolz mit meinem Urteil herausfahre und die Meinungen anderer verwerfe. (…) Meine große Bitte an Euch und die Erfurter Theologen ist darum, die Mängel des Verfassers einmal zu vergessen, lediglich über meine Schriften und Sätze Euer Urteil zu fällen und vor allem die etwa darin enthaltenen Irrtümer zu bezeichnen. Ist es doch bekannt, dass nichts Neues ohne Hoffart oder wenigstens ohne einen Schein von Hoffart und Zanksucht hervorgebracht werden kann.«[134]

Leider ist der Brief nicht im Original erhalten, aber sieht man sich das Berliner Exemplar des Thesendrucks genauer an, kann man leichte Spuren eines möglichen brieflichen Versandes erkennen, so eine ehemalige Faltung und die typischen Schlitze, die durch das Anbringen eines Fadens durch den gefalteten Brief samt Thesenblatt gezogen wurden, um ihn anschließend mit einem Siegel zu verschließen.

Ist der von Luther bestellte Urdruck der Thesen, also der Druck, der auch angeschlagen wurde, nun gefunden?

Ja! Denn noch eine weitere, bislang in der Forschung völlig unbeachtete Tatsache spricht dafür, dass der Leipziger Thesendruck der gesuchte Urdruck ist: das römische Gutachten zu den 95 Thesen, welches der Hoftheologe Silvestro Mazzolini, genannt Prierias, 1518 verfasste. Dieses Gutachten ist deshalb relevant, weil es auf der Grundlage eines ganz bestimmten Exemplars der 95 Thesen entstand, nämlich jenes, das Luther am 31. Oktober 1517 an Albrecht von Brandenburg schickte. Albrecht leitete die Thesen direkt nach Rom weiter, wo sie bei Prierias landeten.

In seinem Gutachten[135] nahm Prierias sich Luthers Thesen vor, indem er sie zunächst jeweils zitierte, um darauf in Form eines fiktiven Dialoges mit einer Gegenrede zu antworten. Seine höchstwahrscheinliche Vorlage: der Leipziger Thesendruck! Denn auch wenn Prierias sich darum bemühte, die offensichtlichen grammatikalischen Irrtümer und Druckfehler im lateinischen Text der Thesen zu verbessern, ist an einigen Stellen die Leipziger Vorlage noch deutlich zu erkennen: So etwa in den Thesen 28 und 30, in der die Satzstellung des »est« der des Leipziger Drucks entspricht. An zwei weiteren Stellen übernahm er sogar Druckfehler der Vorlage, die in den späteren Druckausgaben der 95 Thesen korrigiert wurden, so in These 36 »debitum« statt »deditum« und in These 51 »possunt« statt »possint«. In These 86 fand er zudem offenbar noch die im Leipziger Thesendruck verwendete Abkürzung »tm̄«, die er zu »tantam« auflöste. In den späteren Thesendrucken findet sich hier stattdessen die Form »tantum modo«. Dass es sich um die Druckversion und nicht um ein handschriftliches Exemplar gehandelt haben muss, lässt sich vielleicht auch an der fehlerhaften Benennung eines der in den Thesen erwähnten Heiligen erkennen: Aus dem von Luther in These 29 erwähnten Heiligen Paschasius, der im Fegefeuer gebüßt habe, machte der Drucker durch eine fälschliche Lesung »Paschalis«. Gemeint ist aber mit Sicherheit der Diakon Paschasius (gest. nach 511), der (im Gegensatz zu Papst Paschalis I., gest. 824) nach einer vom Heiligen Gregor niedergeschriebenen Vision selbst als Heiliger eine jenseitige Strafe erleiden musste, da er zu Lebzeiten zum Gegenpapst Laurentius gehalten habe. Prierias übernahm diese fehlerhafte Schreibung unhinterfragt, die vermutlich durch eine Verwechslung der ähnlich aussehenden Schrifttypen von s und l entstand.

Das bedeutet: Eines der erhaltenen Leipziger Exemplare der 95 Thesen ist mit hoher Wahrscheinlichkeit am 11. November 1517 von Luther an Johannes Lang geschickt worden, ein anderes wiederum mit noch höherer Wahrscheinlichkeit am 31. Oktober 1517 an Albrecht von Brandenburg. Damit haben wir den Urdruck der Thesen gefunden. Es war ein Leipziger Exemplar, das am 31. Oktober 1517 an der Tür der Wittenberger Schlosskirche hing.

Was wirklich geschah

Fassen wir noch einmal unsere Argumente zusammen: Wir haben mit Philipp Melanchthon einen Zeugen für den Thesenanschlag, der jahrzehntelang Luthers engster Vertrauter war und dessen Zeugnis daher nicht einfach ignoriert werden kann. Mit der Notiz Georg Rörers zum Thesenanschlag haben wir zudem einen Beleg, wiederum von einem engen Mitarbeiter Luthers, der noch zu Luthers Lebzeiten den Thesenanschlag bezeugte. Wir haben darüber hinaus zwei potenzielle Augenzeugen, Johannes Agricola und Georg Major, deren Berichte für den Thesenanschlag sprechen. Und auch Luthers eigene Schilderungen der Ereignisse lassen sich viel besser mit der Annahme eines Thesenanschlags vereinbaren als mit dem Gegenteil. Dass die Disputation, zu der Luther mit dem Thesenanschlag aufrief, nicht stattfand, hat er selbst erklärt: Es habe sich kein Gegner gefunden. Wir kennen sogar den Plakatdruck, den Luther für den Thesenanschlag benutzte, nämlich den des Leipziger Druckers Jacob Thanner. Der Ort und der Zeitpunkt des Thesenanschlags machen ihn zu einem Akt des Protestes, zu einem ersten Angriff auf die Papstkirche. Der Inhalt der Thesen passt dazu ebenso wie die Tatsache, dass Luther dem 31. Oktober 1517 so große Bedeutung beimaß, dass er den Beginn seiner Reformation mit diesem Tag verband – und das nicht erst im Nachhinein: Genau zur Veröffentlichung seiner 95 Thesen nannte sich Luther unter Freunden »Martinus Eleutherius« – Martin der Befreite.

All dies ergibt folgende Chronologie der Ereignisse:

– Luther lässt im Oktober 1517 die Thesen in Leipzig drucken, nachdem er von der Antwort seiner Fachkollegen enttäuscht ist, denen er zuvor brieflich seine Hauptkritikpunkte vorgestellt hatte.

– Am 31. Oktober sendet er ein Exemplar der Thesen an Erzbischof Albrecht von Brandenburg (der Brief ist im Original erhalten), der sein Exemplar nach Rom weiterleitet.

– Gleichzeitig lädt Luther zu einer akademischen Disputation ein. Dies geschieht im Rahmen seiner in den Universitätsregularien festgehaltenen Aufgabe, einmal jährlich öffentlich zu disputieren. Als Datum für die Ankündigung und Einladung zur Disputation wählt Luther den Sonntag Allerheiligen und schlägt daher die Thesen am liturgisch zu diesem Tag gehörenden Vorabend an den Kirchentüren in Wittenberg an.

– Zugleich schickt er einem ausgewählten Kreis von Theologen außerhalb Wittenbergs weitere Exemplare zu. Um einem möglichen Verbot zu entgehen, informiert er allerdings den Kurfürsten nicht davon.

– Nachdem es um den 6. November mangels Teilnehmern zu keiner Disputation gekommen ist, schickt er auch anderen befreundeten Theologen, etwa Johannes Lang am 11. November, brieflich seine Thesenreihe zu.

– Luthers Thesen zirkulieren daraufhin auch ohne sein eigenes Zutun: Einige Empfänger lassen die Thesen nachdrucken beziehungsweise per Hand abschreiben. Auf diese Weise bekam sie etwa der Nürnberger Humanist Christoph Scheurl zugespielt oder auch der Franziskanerguardian von Muldenstein (damals noch Steinlausigk), Johannes Fleck, der nach Lektüre der Thesen gegenüber seinen Klosterbrüdern ausgerufen haben soll: »Er ist da, der es tun wird«[136], und Luther einen begeisterten Brief schrieb.

– Aufgrund dieser unerwartet großen und raschen Verbreitung der Thesen sieht Luther sich genötigt, Erläuterungen – »Resolutiones« – zu den Thesen in lateinischer Sprache für die Gelehrten zu publizieren sowie einen »Sermon von Ablass und Gnade« in deutscher Sprache für die Laien. Der Sermon wird zu Luthers erstem Bestseller.

– Die enorme Resonanz auf die Ablasskritik Luthers einerseits, die feindliche Reaktion Roms andererseits führen dazu, dass Luther nicht mehr lockerlässt. In den folgenden Monaten entwickelt er die in den 95 Thesen angelegten fundamentalen Kritikpunkte an der spätmittelalterlichen Kirche weiter. 1520/21 kommt es zum endgültigen Bruch – und überall dort, wo man sich Luthers Lehre anschließt, zur Reformation.

Am Anfang von all dem steht Martin Luthers Thesenanschlag am 31. Oktober 1517. Dieser ist eine historische Tatsache, daran ist kein ernsthafter Zweifel mehr möglich.

5 Und was ist mit dem Hammer?

Luthers Thesen wurden aller Wahrscheinlichkeit nach also tatsächlich angeschlagen. Aber auch von ihm selbst? Manchem heutigen Zeitgenossen mag die Vorstellung merkwürdig anmuten, dass der Professor und Subprior des Augustinereremitenklosters mit Hammer und Nagelkiste durch Wittenberg gezogen sein soll. Die Statuten der Universität sahen hierfür in der Tat auch die Dienste eines Pedells vor, der neben anderen zeremoniellen Aufgaben auch die Aushänge der Universität an den von der Universität für Vorlesungen genutzten Kirchenräumen sowie an den Gebäuden der Universität anzubringen hatte.[137] Diesen Regularien waren sich auch noch die Künstler früher Darstellungen des Thesenanschlags bewusst, wenn sie die Anbringung des Plakats von einer anderen Person als Luther vornehmen ließen, was künstlerisch zudem den Vorteil bot, dass sich dadurch Luther den umstehenden Bürgern und Geistlichen im Gespräch zuwenden konnte.

Glaubt man jedoch der Eigendarstellung von Luthers Fakultätskollegen und vormaligem Rektor der Universität, Andreas Bodenstein, besser bekannt als Karlstadt, dann konnte die Anbringung von Thesen durchaus auch durch den Autor selbst erfolgen. So schreibt Karlstadt am 28. April 1517 an Spalatin, dass er seine 151 Thesen über »Die Natur, das Gesetz und die Gnade« (die er nicht zufällig am Tag vor der ersten der beiden großen Reliquien-

Abb. 13: Pedell schlägt Luthers Thesen an: Rudolf Julius Benno Hübner, Öl auf Leinwand, 1878.

schauen in Wittenberg veröffentlichte), selbst öffentlich angeschlagen habe: »publice affixi«[138]. Natürlich ist es theoretisch möglich, dass Karlstadt hier die 1. Person Singular benutzte, obwohl nicht er persönlich, sondern der Pedell den Hammer schwang. Aber die Formulierung macht es doch wahrscheinlich, dass Karlstadt selbst zu Werke ging, gerade bei einer Thesenreihe, die ihm besonders am Herzen lag. Seine Thesen richteten sich nämlich gegen die scholastische Theologie, die er gemeinsam mit Luther für ein Hindernis auf dem Weg zur Wiederentdeckung des Evangeliums hielt. Wenn Karlstadt Thesen, die ihm persönlich sehr wichtig waren, auch persönlich an-

Abb. 14: Luther mit Nagelkörbchen: Alfred Rethel, Constantin
Müller, Stahlstich, nach 1858.

schlug, dann könnte dasselbe für Luther gelten. Dass dem seine 95 Thesen besonders wichtig waren, steht außer Frage.

Aber kam beim Thesenanschlag überhaupt ein Hammer zum Einsatz? Auf den Historiengemälden des 19. Jahrhunderts geht Luther mit Hammer und Nagel zu Werk. 2017 nahm die Werbekampagne für die drei Nationalen Sonderausstellungen zum Reformationsjubiläum (in Berlin, Eisenach und Wittenberg) das Hammermotiv wieder auf und formulierte als Motto: »3 x Hammer: Die volle Wucht der Reformation«. In der wissenschaftlichen Reformationsforschung stieß das Motiv auf wenig Gegenliebe. Christoph Markschies erinnert sich in seiner Jubiläumsbilanz an entsprechende Diskussionen im wissenschaftlichen Beirat für das Reformationsjubiläum: »Nichts war in der Graphik mit den drei Hämmern – die einstige DDR-Bürgerinnen und -Bürger sofort an das entsprechende Werkzeug ihres ehemaligen Staatswappens erinnern – von der historischen Erkenntnis zu sehen, dass Thesen im Spätmittelalter niemals mit Hammer und Nagel angeschlagen wurden.«[139]

Tatsächlich? Diese falsch verstandene »Erkenntnis« rührt offenbar von einem Gastbeitrag von Daniel Jütte in der Frankfurter Allgemeinen Zeitung vom 18. Juni 2014 her, der erstmals hinterfragte, dass Anschläge in der Frühen Neuzeit ausschließlich mit Hammer und Nagel angebracht worden seien. »Falls Luther nicht ohnehin den Universitätspedell schickte, ist es durchaus denkbar, dass er am 31. Oktober 1517 nicht mit Hammer und Nägeln, sondern mit Leim oder Siegelwachs vor der Wittenberger

Abb. 15: Werbemotiv der Dachmarkenkampagne für die Nationalen Sonderausstellungen zum Reformationsjubiläum 2017.

Schlosskirche stand.«[140] Eine Verwendung von Hammer und Nägeln schloss aber auch Jütte keineswegs generell aus.

Joachim Ott nutzte die Idee des Anklebens anstelle des Annagelns als Argument für seine These, der Thesenanschlag sei 1717 als protestantisches Gegenmotiv gegen die ebenfalls mit einem Hammer erfolgte Öffnung der Heiligen Pforte in Rom entstanden. Seine Argumente gegen das Annageln sind allerdings wenig belastbar:»Nicht allein, dass stark frequentierte Stellen wie Kirchentüren mit Nagellöchern übersät wären und laufend repariert werden müssten, scheint das ständige Wiederherausziehen von Nägeln mühsamer als das Entfernen von Wachs- oder Leimresten. Auch wäre angesichts des Zeitalters der handgeschmiedeten (nicht wie heute ubiquitär und billig verfügbaren) Nägel ein ökonomischer Faktor zu bedenken.«[141]

Die enormen Mengen von archäologisch ausgegrabenen Eisennägeln aus spätmittelalterlichen Städten[142] entkräften das Argument, dass diese für den Gebrauch bei Thesenanschlägen zu kostspielig gewesen wären, zumal man diese ja, anders als das auch nicht ganz billige Siegelwachs, mehrfach verwenden konnte. Außerdem würden im Hinblick auf die deutlich höheren Auslagen für Druck und Versand der Thesenplakate die Kosten für eine Handvoll Nägel wohl kaum ins Gewicht fallen. Leim- und Wachsreste dürften zudem der Ästhetik der Türen mehr zugesetzt haben als einfache Nagellöcher, so dass sich Reparaturen und Ausbesserungen unabhängig von der Art der Anbringung ergeben hätten.

Abb. 16: Luther schreibt die Thesen direkt an die Schlosskirchentür und stößt mit der Schreibfeder zugleich den Papst vom Thron in Rom: Der Traum Kurfürst Friedrichs des Weisen von Sachsen, nach Conrad Grahle, 1617.

Gerade im Fall der Wittenberger Schlosskirche wäre zudem zu überlegen, ob nicht ohnehin nicht am Hauptportal, sondern an einer vorgelagerten Pforte angeschlagen wurde. Wie auf einem Holzschnitt im Wittenberger Heiltumsbuch von 1509 deutlich zu erkennen ist, war der Zugang zum Haupteingang der Schlosskirche nur über eine Brücke über den Schlossgraben möglich, die ein kleines hölzernes Tor zur Stadt hin verschloss. Denkbar wären natürlich auch eigene Anschlagbretter, wie sie ja auch heute noch zur Anwendung kommen und denen das »Schwarze Brett« seinen Namen verdankt.

Der Wortlaut der Belege für Luthers Thesenanschlag lässt keinen eindeutigen Schluss auf die Art der Anbringung zu. Sowohl Rörer[143] als auch Melanchthon nutzen das lateinische Verb »affigere«, was beides heißen kann. Allerdings wurde im Zusammenhang mit Luthers 95 Thesen bereits kurz nach dem 31. Oktober 1517 auch der deutsche Begriff des Anschlags verwendet. So schrieb der albertinische Rat Caesar Pflug an seinen Herzog Georg von Sachsen Ende November 1517, dass die »conclusiones, die der Augustinermönch zu Wittenberg gemacht, an vil ortern angslagen wurden«.[144] Dass im Deutschen die Begriffe für »annageln« und »anschlagen« bereits im 16. Jahrhundert synonym gebraucht wurden, zeigt etwa deren Verwendung der Begriffe in der »Comedi von dem König Theodosio zu Rom« von Jakob Ayerer (1543/44–1605).[145] Ob damit, wie Ott glaubt, der Umkehrschluss legitim sei, dass mit einem Anschlag auch einfach ein Anheften oder Ankleben gemeint sein konnte, sei dahingestellt.[146]

Dass Anschläge mit Hammer und Nägeln bereits zu dieser Zeit durchaus geübte Praxis waren, lässt sich anhand erhaltener Urkunden und Anschlagszettel mit Nagelspuren aus dem Spätmittelalter und der Frühen Neuzeit belegen. Da diese allerdings selten nach dem Abnehmen archiviert wurden, ist ihre Zahl recht überschaubar.[147] Plakate und Anschlagszettel mit Leim- oder Wachsspuren sind hingegen aus dem 16. Jahrhundert anschei-

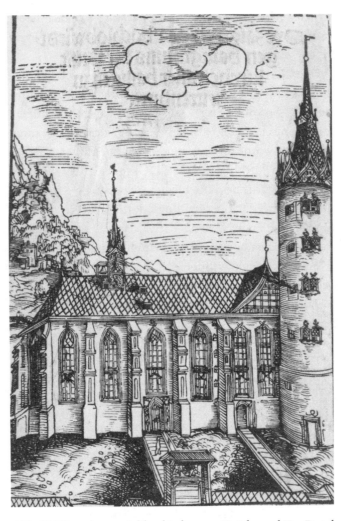

Abb. 17: Wittenberger Schlosskirche samt Brücke und Vor-Portal:
Georg Spalatin und Lucas Cranach d. Ä., Die Zeigung des hochlobwürdigen Heiltums, Wittenberg: Symphorian Reinhart 1509.

nend gar nicht überliefert. Nur in der bildenden Kunst finden sich hin und wieder Darstellungen von Zetteln und Schrifttafeln mit Siegelwachs, so etwa auf dem berühmten Porträt des Kaufmanns Georg Gisze von Holbein d. J.[148] Aber auch Plakatanbringungen mit Nägeln sind als Bildmotiv nachweisbar. Eines davon führt sogar ganz nah an Luthers Thesenanschlag heran, denn es befindet sich ausgerechnet auf dem Titelblatt der 1534 erschienenen ersten vollständigen deutschen Bibelübersetzung Luthers. Die kleinen Engel, die das Blatt der Titulatur innerhalb des Architekturrahmens mit Hammer und Nägeln anbringen, spielen vielleicht sogar direkt auf den Thesenanschlag von 1517 an, zumindest jedoch auf die damals in Wittenberg übliche Veröffentlichungspraxis.[149]

Man kann es daher drehen und wenden, wie man will: Man wird den hammerschwingenden Luther nicht los. Luther schlug seine 95 Thesen über den Ablass am 31. Oktober 1517 in Wittenberg an – mit Hammer und Nagel: Diese Tatsache hoffen wir mit unserem Büchlein wieder glaubhaft untermauert zu haben.

Apropos untermauern: Der von manchen Reformationshistorikern verteufelte Hammer passt auch deshalb so gut zu Luther, weil er mit diesem und anderen Werkzeugen andauernd Umgang hatte. Seit 1515 war Luther als Distriktsvikar auch für die Bautätigkeiten der elf ihm nun unterstellten Augustinerklöster in Sachsen zuständig. Vor allem aber lebte und arbeitete Luther auf einer Baustelle: Das Wittenberger »Schwarze Kloster« war bei seiner Ankunft 1508 noch in unfertigem Zustand, und die Bauarbeiten sollten bis in Luthers späte Lebensjahre hin-

Abb. 18: Engel schlagen ein Plakat an: Martin Luther, Die ganze Heilige Schrift, deutsch, Wittenberg: Hans Lufft 1534 (Titelholzschnitt).

ein andauern, als das Kloster längst in ein Wohnhaus für Luthers Familie umfunktioniert worden war. Nicht anders ging es Luther mit seinem reformatorischen Werk, an dem er noch bis zu seinem Tod weiterarbeitete und an dessen Anfang wie bei einem architektonischen Entwurf offenbar eines stand: ein Hammerschlag.

Neuere Literatur zum Thesenanschlag

Roland Bergmeier, Martin Luthers Thesenanschlag und Erwin Iserlohs Fehldiagnose, Berlin 2018.

Thomas Kaufmann, Erlöste und Verdammte. Eine Geschichte der Reformation, München 2016, 108–115.

Volker Leppin, »Nicht seine Person, sondern die Warheit zu verteidigen«. Die Legende vom Thesenanschlag in lutherischer Historiographie und Memoria, in: Der Reformator Martin Luther 2017. Eine wissenschaftliche und gedenkpolitische Bestandsaufnahme (Schriften des Historischen Kollegs, Kolloquien 92), hrsg. von Heinz Schilling, Berlin u. a. 2014, 85–107.

Volker Leppin, Art. »Thesenanschlag«, in: Das Luther-Lexikon, hrsg. von Volker Leppin und Gury Schneider-Ludorff, Regensburg [2]2015, 684–687.

Volker Leppin und Timothy Wengert, Sources for and against the Posting of the Ninety-Five Theses, in: Lutheran Quarterly 29 (2015), 373–398.

Volker Leppin, Die fremde Reformation. Luthers mystische Wurzeln, München 2016, 55–69.

Joachim Ott und Martin Treu (Hrsg.), Luthers Thesenanschlag – Faktum oder Fiktion (Schriften der Stiftung Luthergedenkstätten in Sachsen-Anhalt 9), Leipzig 2008.

Joachim Ott, Außer Thesen allerhand gewesen. Schätze der Reformationszeit in der Thüringer Universitäts- und Landesbibliothek, Jena 2017.

Joachim Ott, Luther mit dem Hammer. Die Entstehung des Bildmotivs 1717 und die Öffnung der Heiligen Pforte von St. Peter in Rom, in: Lutherjahrbuch 84 (2017), 278–355.

Volker Reinhardt, Luther, der Ketzer. Rom und die Reformation, München 2016, 63–75.

Stefan Rhein, Der Beginn der Reformation: Wittenberg 1517, Spröda 2017.

Heinz Schilling, Martin Luther. Rebell in einer Zeit des Umbruchs, München [3]2014, 162–167.

Jürgen Udolph, Martinus Luder – Eleutherius – Martin Luther. Warum änderte Martin Luther seinen Namen?, Heidelberg 2016.

Uwe Wolff, Iserloh. Der Thesenanschlag fand nicht statt, Basel 2013.

Anmerkungen

1   https://www.tagesschau.de/inland/reformationstag-ekd-101. html.

2   https://www.neues-deutschland.de/artikel/1068338.reforma-tion-gott-zu-ehren-und-dem-teufel-zu-trotz.html.

3   https://www.n-tv.de/wissen/frageantwort/Hat-Luther-95-The-sen-an-die-Tuer-genagelt-article20102653.html.

4   http://www.zeit.de/zeit-geschichte/2016/05/reformation-mar-tin-luther-legenden-thesenanschlag-tintenfleck-zitat.

5   http://www.rp-online.de/kultur/thesenanschlag-ist-nur-ein-mythos-aid-1.6254866.

6   https://www.welt.de/geschichte/article170178576/Wer-wirk-lich-Luthers-Thesen-an-die-Kirchentuer-schlug.html.

7   http://www.deutschlandfunkkultur.de/luthers-thesenanschlag-zweifel-am-hammer-schwingenden-helden.1013.de.html?dram: article_id=367506.

8   Volker Leppin und Timothy Wengert, Sources for and against the Posting of the Ninety-Five Theses, in: Lutheran Quarterly 29 (2015), 373–398, hier 390.

9   Thomas Kaufmann, Erlöste und Verdammte. Eine Geschichte der Reformation, München 2016, 112.

10 Heinz Schilling, Martin Luther. Rebell in einer Zeit des Um-bruchs, München ³2014, 164.

11 Heinz Schilling, 1517. Weltgeschichte eines Jahres, München 2017, 280.

12 Volker Leppin, Die Monumentalisierung Luthers. Warum vom Thesenanschlag erzählt wurde – und was davon zu erzählen ist, in: Luthers Thesenanschlag – Faktum oder Fiktion (Schrif-ten der Stiftung Luthergedenkstätten in Sachsen-Anhalt 9),

hrsg. von Joachim Ott und Martin Treu, Leipzig 2008, 69–92, hier 90, Anm. 62.

13 Niall Ferguson, The Square and the Tower. Networks, Hierarchies and the Struggle for Global Power, London 2017, 83.

14 Volker Leppin beurteilt dies inzwischen auch so: »Vor diesem Hintergrund wird man es als erfreulich einstufen dürfen, dass die Debatte um den Thesenanschlag wieder eröffnet worden ist. So marginal das Geschehen ist: Es stellt die grundlegende Frage, wie sich historische Rekonstruktion und kulturelles Gedächtnis zueinander verhalten.« – Volker Leppin, »Nicht seine Person, sondern die Warheit zu verteidigen«. Die Legende vom Thesenanschlag in lutherischer Historiographie und Memoria, in: Der Reformator Martin Luther 2017. Eine wissenschaftliche und gedenkpolitische Bestandsaufnahme (Schriften des Historischen Kollegs, Kolloquien 92), hrsg. von Heinz Schilling, Berlin u. a. 2014, 85–107, hier 107.

15 Teile des Folgenden wurden bereits publiziert als Benjamin Hasselhorn, Mythos Luther. Überlegungen zum öffentlichen Umgang mit Reformationsgeschichte, in: Luther. 1917 bis heute, hrsg. von der Stiftung Kloster Dalheim, Münster 2016, 86–94; sowie als Benjamin Hasselhorn, Dritter Weg. Richtiges Erinnern changiert zwischen Historisierung und Aktualisierung, in: zeitzeichen 18/5, Mai 2017, 25–27.

16 Mircea Eliade, Das Heilige und das Profane. Vom Wesen des Religiösen, Frankfurt a. M. und Leipzig 1998, 85.

17 WA Br 4, 275: »Wittemberge die Omnium Sanctorum anno decimo Indulgentiarum conculcatarum, quarum memoria hac hora bibimus utrinque consolati.«

18 Vgl. Joachim Ott, Georg Rörer (1492–1557) und sein Nachlass in der Thüringer Universitäts- und Landesbibliothek Jena, in: Luthers Thesenanschlag – Faktum oder Fiktion (Schriften der Stiftung Luthergedenkstätten in Sachsen-Anhalt 9), hrsg. von Joachim Ott und Martin Treu, Leipzig 2008, 47–57.

[19] Vgl. dazu v. a. Volker Leppin, Die Monumentalisierung Luthers. Warum vom Thesenanschlag erzählt wurde – und was davon zu erzählen ist, in: Luthers Thesenanschlag – Faktum oder Fiktion (Schriften der Stiftung Luthergedenkstätten in Sachsen-Anhalt 9), hrsg. von Joachim Ott und Martin Treu, Leipzig 2008, 69–92.

[20] Karl Holl, Was verstand Luther unter Religion?, in: Ders., Gesammelte Aufsätze zur Kirchengeschichte. I. Luther, Tübingen [6]1932, 1–110, hier 35.

[21] WA 30 III, 276–320.

[22] Thomas Mann, Deutschland und die Deutschen [1945], in: Ders., Gesammelte Werke, Bd. XI: Reden und Aufsätze, Frankfurt a. M. [2]1974, 1142.

[23] Erich Honecker, Unsere Zeit verlangt Parteinahme für Fortschritt, Vernunft und Menschlichkeit, in: Martin Luther und unsere Zeit. Konstituierung des Martin-Luther-Komitees der DDR am 13. Juni 1980 in Berlin, Berlin 1980, 9–18, hier 11.

[24] »Johannes Hus hat von mir geweissagt, da er aus dem gefengnis ynn behemerland schreib, Sie werden itzt eine gans braten (denn Hus heisst eine gans) Aber uber hundert iaren, werden sie einen schwanen singen horen, Den sollen sie leiden, Da solls auch bey bleiben, ob Gott will« (WA 30 III, 387). Vgl. dazu Volkmar Joestel, Die Gans und der Schwan. Eine Allegorie auf Jan Hus und Martin Luther, in: Luther mit dem Schwan – Tod und Verklärung eines großen Mannes, hrsg. von der Lutherhalle Wittenberg in Verbindung mit Gerhard Seib, Berlin 1996, 9–13.

[25] Zit. nach Stefan Rhein, Der Beginn der Reformation: Wittenberg 1517, Spröda 2017, 12.

[26] Zit. nach ebd.

[27] Johann Peter Eckermann, Gespräche mit Goethe in den letzten Jahren seines Lebens, Bd. 3, Leipzig 1848, 372–373.

[28] Georg Wilhelm Friedrich Hegel, Vorlesungen über die Ge-

schichte der Philosophie, in: Ders., Werke in zwanzig Bänden, Bd. 20, Frankfurt a. M. 1979, 50.

29 Carl Meyer, Unvergeßliche Augenblicke im Leben Luthers, in: Luther-Vorträge, gehalten zu Breslau aus Anlaß des vierhundertjährigen Reformationsjubiläums, Breslau 1883, 133–148, hier 138–139.

30 Otto Schulze, Doktor Martinus. Ein Buch für das deutsche Volk zum Reformationsjubelfest 1917, Gotha 1917, 43, hier zit. nach Martin Treu, Urkunde und Reflexion. Wiederentdeckung eines Belegs von Luthers Thesenanschlag, in: Luthers Thesenanschlag – Faktum oder Fiktion (Schriften der Stiftung Luthergedenkstätten in Sachsen-Anhalt 9), hrsg. von Joachim Ott und Martin Treu, Leipzig 2008, 59–67, hier 67.

31 Heinrich Boehmer, Der junge Luther. Martin Luther und die Reformation [1925], Hamburg 2018, 174.

32 Rudolf Bultmann, Neues Testament und Mythologie. Das Problem der Entmythologisierung der neutestamentlichen Verkündigung, in: Ders., Offenbarung und Heilsgeschehen (Beiträge zur evangelischen Theologie 7), München 1941, 27–69.

33 Kerygma und Mythos I. Ein theologisches Gespräch mit Beiträgen von Rudolf Bultmann, hrsg. von Hans-Werner Bartsch, Hamburg 1948, 18.

34 Für den Mythos »Luther in Worms« vgl. Volkmar Joestel, »Hier stehe ich!« Luthermythen und ihre Schauplätze, hrsg. von der Stiftung Luthergedenkstätten in Sachsen-Anhalt, Wettin-Löbejün 2013, 201; Volker Leppin, Martin Luther, Darmstadt 2006, 177; Armin Kohnle, Luther vor Karl V. Die Wormser Szene in Text und Bild des 19. Jahrhunderts, in: Lutherinszenierung und Reformationserinnerung (Schriften der Stiftung Luthergedenkstätten in Sachsen-Anhalt 2), hrsg. von Stefan Laube und Karl-Heinz Fix, Leipzig 2002, 35–62. Für den Mythos vom Thesenanschlag vgl. den Rückblick auf die wis-

senschaftliche Debatte von Konrad Repgen, Ein profange-schichtlicher Rückblick auf die Iserloh-Debatte, in: Luthers Thesenanschlag – Faktum oder Fiktion (Schriften der Stiftung Luthergedenkstätten in Sachsen-Anhalt 9), hrsg. von Joachim Ott und Martin Treu, Leipzig 2008, 99–110.

35 Bernd Moeller, Von der Schwierigkeit und Chance, die historische Person Martin Luther in unserer Zeit zu vermitteln. Das Beispiel der Nürnberger Ausstellung »Martin Luther und die Reformation in Deutschland«, in: Das Luther-Erbe in Deutschland. Vermittlung zwischen Wissenschaft und Öffentlichkeit, hrsg. von Hans Süssmuth, Düsseldorf 1985, 188–193. Hier zit. nach Jan Scheunemann, Luther und Müntzer im Museum. Deutsch-deutsche Rezeptionsgeschichten (Schriften der Stiftung Luthergedenkstätten in Sachsen-Anhalt 20), Leipzig 2015, 349.

36 Vgl. Jan Scheunemann, Luther und Müntzer im Museum. Deutsch-deutsche Rezeptionsgeschichten (Schriften der Stiftung Luthergedenkstätten in Sachsen-Anhalt 20), Leipzig 2015, 351–354, dort auch die folgenden Zitate.

37 Gottfried Knapp, Der Reformator, ausgewogen. Zu den Luther-Ausstellungen in Nürnberg und Worms, in: Süddeutsche Zeitung vom 2./3. Juli 1983. Hier zit. nach Jan Scheunemann, Luther und Müntzer im Museum. Deutsch-deutsche Rezeptionsgeschichten (Schriften der Stiftung Luthergedenkstätten in Sachsen-Anhalt 20), Leipzig 2015, 354.

38 Thomas Nipperdey, Der Mythos im Zeitalter der Revolution, in: Wege des Mythos in der Moderne. Richard Wagners »Ring des Nibelungen«, hrsg. von Dietrich Borchmeyer, München 1987, 96–109, hier 108.

39 Vgl. Jan Assmann, Das kulturelle Gedächtnis. Schrift, Erinnerung und politische Identität in frühen Hochkulturen, München 1992, 67.

40 Vgl. dazu den Überblick von Wolfgang Hasberg, Mythos Re-

formation. Epochenwende im Licht der Dunkelheitsmetapher, in: Luther und die Reformation in internationalen Geschichtskulturen (Eckert. Die Schriftenreihe 145), hrsg. von Roland Bernhard, Felix Hinz und Robert Maier, Göttingen 2017, 57–110, bes. 76–84.

[41] Vgl. etwa Bernd Moeller, Thesenanschläge, in: Luthers Thesenanschlag – Faktum oder Fiktion (Schriften der Stiftung Luthergedenkstätten in Sachsen-Anhalt 9), hrsg. von Joachim Ott und Martin Treu, Leipzig 2008, 9–31.

[42] WA Br 4, 275: »Wittemberge die Omnium Sanctorum anno decimo Indulgentiarum conculcatarum, quarum memoria hac hora bibimus utrinque consolati.«

[43] WA Br 1, 108–113.

[44] Johannes Schilling, Martin Luther: Brief an den Erzbischof von Mainz, Albrecht von Brandenburg, in: Luther! 95 Schätze – 95 Menschen, hrsg. von der Stiftung Luthergedenkstätten, München 2018, 90.

[45] Instructio Summaria ad Subcommissarios Poenitentiarum et Confessores (1517), in: Dokumente zur Causa Lutheri (1517–1521), 1. Teil: Das Gutachten des Prierias und weitere Schriften gegen Luthers Ablaßthesen (1517–1518), hrsg. und kommentiert von Peter Fabisch und Erwin Iserloh (Corpus Catholicorum 41), Münster 1988, 224–293.

[46] Der einzige eigenhändige Beleg Luthers für die Namensform »Luther«, der vermutlich von vor dem 31. Oktober 1517 stammt, findet sich im Wittenberger Dekanatsbuch, in dem drei oder sogar vier Eintragungen Luthers aus dem Jahr 1517 stehen, der früheste mögliche davon ist der Kopfeintrag aus dem Sommersemester 1517. Dieser Eintrag könnte schon vom Mai 1517 stammen; mindestens genauso wahrscheinlich ist aber ein Eintrag zum Ende des Sommersemesters, also vom Oktober 1517. Vgl. dazu Jürgen Udolph, Martinus Luder – Eleutherius – Martin Luther. Warum

änderte Martin Luther seinen Namen?, Heidelberg 2016, 51–54, der allerdings für eine Datierung auf Mai 1517 plädiert.

[47] Vgl. Jürgen Udolph, Martinus Luder – Eleutherius – Martin Luther. Warum änderte Martin Luther seinen Namen?, Heidelberg 2016.

[48] Vgl. dazu auch Bernd Moeller / Karl Stackmann, Luder – Luther – Eleutherius. Erwägungen zu Luthers Namen, in: Nachrichten der Akademie der Wissenschaften in Göttingen, Philologisch-Historische Klasse 1981, Nr. 7.

[49] WA 1, 236.

[50] Heinz Schilling, Martin Luther. Rebell in einer Zeit des Umbruchs, München [3]2014.

[51] WA 1, 236.

[52] WA 1, 237.

[53] WA 1, 234.

[54] WA 1, 235.

[55] WA 1, 233.

[56] Volker Leppin, Die fremde Reformation. Luthers mystische Wurzeln, München 2016, 58.

[57] WA 1, 235.

[58] WA 1, 233.

[59] WA 1, 236.

[60] Ebd.

[61] Volker Reinhardt, Luther, der Ketzer. Rom und die Reformation, München 2016, 73.

[62] WA 1, 237.

[63] Lyndal Roper, Der Mensch Martin Luther. Die Biographie, Frankfurt a. M. 2016, 130.

[64] Ebd., 128.

[65] Leopold von Ranke, Deutsche Geschichte im Zeitalter der Reformation, Bd. 1, Berlin 1839, 315.

[66] Erwin Iserloh, Der Thesenanschlag fand nicht statt, in: Uwe

Wolff, Iserloh. Der Thesenanschlag fand nicht statt, Basel 2013, 169–238, hier 215.

67 Ebd.

68 Ebd.

69 Ebd., 216.

70 Erwin Iserloh, Aufhebung des Lutherbannes? Kirchengeschichtliche Überlegungen zu einer aktuellen Frage, in: Ders., Kirche – Ereignis und Institution. Aufsätze und Vorträge, Bd. II: Geschichte und Theologie der Reformation, Münster 1985, 222–232, hier 229–230.

71 Peter Manns, Vater im Glauben. Studien zur Theologie Martin Luthers. Festgabe zum 65. Geburtstag am 10. März 1888 (Veröffentlichungen des Instituts für Europäische Geschichte Mainz 131), hrsg. von Rolf Decot, Stuttgart 1988.

72 Erwin Iserloh, Lebenserinnerungen, in: Uwe Wolff, Iserloh. Der Thesenanschlag fand nicht statt, Basel 2013, 123–153, hier 150.

73 Eine prägnante Zusammenfassung der Gründe, die gegen den Thesenanschlag sprechen, bietet Volker Leppin, Art. »Thesenanschlag«, in: Das Luther-Lexikon, hrsg. von Volker Leppin und Gury Schneider-Ludorff, Regensburg ²2015, 684–687.

74 »In hoc cursu cum esset Lutherus, circumferuntur venales indulgentiae in his regionibus a Tecelio Dominicano impudentissimo sycophanta, cuius impiis et nefariis concionibus irritatus Lutherus, studio pietatis ardens, edidit Propositiones de Indulgentiis, quae in primo Tomo monumentorum ipsius extant. Et has publice Templo, quod arci Witebergensi contiguum est, affixit pridie festi omnium Sanctorum anno 1517« (CR 6, 162).

75 CR 6, 160–162. Siehe zusammenfassend: Volker Leppin und Timothy Wengert, Sources for and against the Posting of the Ninety-Five Theses, in: Lutheran Quarterly 29 (2015), 373–398.

76 Hans Volz, Martin Luthers Thesenanschlag und dessen Vorgeschichte, Weimar 1959, 37.

77 Heinrich Boehmer, Luthers Romfahrt (1510/11), Leipzig 1914, 8.

78 Zit. nach Adolf Brecher, Neue Beiträge zum Briefwechsel der Reformatoren, in: Zeitschrift für Historische Theologie 42 (1872), 323–410, hier 326.

79 Zit. nach Timothy J. Wengert, Georg Major: An »Eyewitness« to the Posting of Martin Luther's Ninety-Five Theses, in: Luthers Thesenanschlag – Faktum oder Fiktion (Schriften der Stiftung Luthergedenkstätten in Sachsen-Anhalt 9), hrsg. von Joachim Ott und Martin Treu, Leipzig 2008, 93–97, hier 95.

80 Ebd., 96.

81 Vgl. dazu Volker Leppin, Die Monumentalisierung Luthers. Warum vom Thesenanschlag erzählt wurde – und was davon zu erzählen ist, in: Luthers Thesenanschlag – Faktum oder Fiktion (Schriften der Stiftung Luthergedenkstätten in Sachsen-Anhalt 9), hrsg. von Joachim Ott und Martin Treu, Leipzig 2008, 69–92, hier 80–82.

82 WA 1, 233.

83 WA Br 1, 138.

84 WA Br 1, 146.

85 Zit. nach Christoph Scheurl's Geschichtsbuch der Christenheit von 1511 bis 1521, in: Jahrbücher des deutschen Reichs und der deutschen Kirche im Zeitalter der Reformation 1 (1872), 1–179, hier 112.

86 WA Br 1, 152.

87 Vgl. dazu Volker Leppin, »Nicht seine Person, sondern die Warheit zu verteidigen«. Die Legende vom Thesenanschlag in lutherischer Historiographie und Memoria, in: Der Reformator Martin Luther 2017. Eine wissenschaftliche und gedenkpolitische Bestandsaufnahme (Schriften des Historischen Kollegs, Kolloquien 92), hrsg. von Heinz Schilling, Berlin u. a. 2014, 85–107, hier 85, Anm. 3: »Die Menge der Argumente wird man letztlich darauf reduzieren können, ob man mehr

Vertrauen in die zeitnahe Darstellung Luthers selbst setzt, die jedenfalls einen Thesenanschlag am 31. Oktober 1517 ausschließt, oder in die deutlich späteren Berichte von Rörer und Melanchthon sowie allgemeine Erwägungen zur Alltäglichkeit eines solchen Thesenanschlags im universitären Disputationswesen der Frühen Neuzeit (…).«

[88] WA 1, 528.

[89] WA Br 1, 245.

[90] Erwin Iserloh, Der Thesenanschlag fand nicht statt, in: Uwe Wolff, Iserloh. Der Thesenanschlag fand nicht statt, Basel 2013, 169–238, hier 214.

[91] Ebd., 236.

[92] WA Br 1, 138.

[93] Volker Leppin, Die Monumentalisierung Luthers. Warum vom Thesenanschlag erzählt wurde – und was davon zu erzählen ist, in: Luthers Thesenanschlag – Faktum oder Fiktion (Schriften der Stiftung Luthergedenkstätten in Sachsen-Anhalt 9), hrsg. von Joachim Ott und Martin Treu, Leipzig 2008, 69–92. Außerdem: Volker Leppin, »Nicht seine Person, sondern die Warheit zu verteidigen«. Die Legende vom Thesenanschlag in lutherischer Historiographie und Memoria, in: Der Reformator Martin Luther 2017. Eine wissenschaftliche und gedenkpolitische Bestandsaufnahme (Schriften des Historischen Kollegs, Kolloquien 92), hrsg. von Heinz Schilling, Berlin u. a. 2014, 85–107.

[94] Ebd., 69.

[95] Zit. nach Konrad Repgen, Ein profangeschichtlicher Rückblick auf die Iserloh-Debatte, in: Luthers Thesenanschlag – Faktum oder Fiktion (Schriften der Stiftung Luthergedenkstätten in Sachsen-Anhalt 9), hrsg. von Joachim Ott und Martin Treu, Leipzig 2008, 99–110, hier 104.

[96] Vgl. Joachim Ott, Georg Rörer (1492–1557) und sein Nachlass in der Thüringer Universitäts- und Landesbibliothek Jena, in:

Luthers Thesenanschlag – Faktum oder Fiktion (Schriften der Stiftung Luthergedenkstätten in Sachsen-Anhalt 9), hrsg. von Joachim Ott und Martin Treu, Leipzig 2008, 47–57.

[97] Der lateinische Originalwortlaut ist: »Anno domini 1517 in profesto omnium Sanctorum, p<…> Witemberge in valuis templorum propositæ sunt pro <…> de Indulgentiis, a Doctore Martino Luthero« (WA 48, Revisionsnachtrag, Weimar 1972, 116). Vgl. dazu auch http://roerer.thulb.uni-jena.de/roerer/georg-roerer/thesenanschlag.html.

[98] Vgl. Joachim Ott, Außer Thesen allerhand gewesen. Schätze der Reformationszeit in der Thüringer Universitäts- und Landesbibliothek, Jena 2017.

[99] Als Beispiele seien genannt: Thomas Kaufmann, Erlöste und Verdammte. Eine Geschichte der Reformation, München 2016, 112; Heinz Schilling, Martin Luther. Rebell in einer Zeit des Umbruchs, München [3]2014, 164.

[100] CR 6, 162.

[101] Heinrich Boehmer, Luthers Romfahrt (1510/11), Leipzig 1914; Hans Schneider, Martin Luthers Reise nach Rom – neu datiert und neu gedeutet, in: Studien zur Wissenschafts- und Religionsgeschichte. Abhandlungen der Akademie der Wissenschaften zu Göttingen, Neue Folge, Bd. 10, Berlin 2011, 1–157.

[102] So Erwin Iserloh, Der Thesenanschlag fand nicht statt, in: Uwe Wolff, Iserloh. Der Thesenanschlag fand nicht statt, Basel 2013, 169–238, hier 196. Dort auch die Belegstellen der entsprechenden Behauptung Melanchthons.

[103] Brief Herzog Georgs an Kurfürst Friedrich und Herzog Johann d. Ä., Dresden, 7. März 1517, in: Akten und Briefe zur Kirchenpolitik Herzog Georgs von Sachsen, Bd. 1, hrsg. von Florian Gess, Leipzig 1905, 1–5.

[104] Ebd. 3–4. VD16 M 5929.

[105] Peter Wiegand, Der verbotene Petersablass, in: Johann Tetzel

und der Ablass, hrsg. von Enno Bünz, Hartmut Kühne und Peter Wiegand, Berlin 2017, 359 sowie 360 Nr. 14a.

106 Philipp Melanchthon, Didymi Faventini adversus Thomam Placentium pro Martino Luthero theologo oratio [1521], in: Melanchthons Werke, Studienausgabe, Bd. 1, hrsg. von Robert Stupperich, Gütersloh 1951, 135.

107 Zit. nach Gustav Kawerau, Johann Agricola von Eisleben. Ein Beitrag zur Reformationsgeschichte, Hildesheim und New York 1977, 17.

108 Zit. nach Timothy J. Wengert, Georg Major: An »Eyewitness« to the Posting of Martin Luther's Ninety-Five Theses, in: Luthers Thesenanschlag – Faktum oder Fiktion (Schriften der Stiftung Luthergedenkstätten in Sachsen-Anhalt 9), hrsg. von Joachim Ott und Martin Treu, Leipzig 2008, 93–97, hier 95.

109 Ebd., 96.

110 Volker Leppin, Die Monumentalisierung Luthers. Warum vom Thesenanschlag erzählt wurde – und was davon zu erzählen ist, in: Luthers Thesenanschlag – Faktum oder Fiktion (Schriften der Stiftung Luthergedenkstätten in Sachsen-Anhalt 9), hrsg. von Joachim Ott und Martin Treu, Leipzig 2008, 69–92. Außerdem: Volker Leppin, »Nicht seine Person, sondern die Warheit zu verteidigen«. Die Legende vom Thesenanschlag in lutherischer Historiographie und Memoria, in: Der Reformator Martin Luther 2017. Eine wissenschaftliche und gedenkpolitische Bestandsaufnahme (Schriften des Historischen Kollegs, Kolloquien 92), hrsg. von Heinz Schilling, Berlin u. a. 2014, 85–107.

111 »Sic enim in inferno populum quottidie, alioqui iam dudum domus ila omnium sanctorum imo domus onmiu diabolorum alio nomine ferretur in orbe« (WA 12, 220).

112 Martin Luther an Nikolaus von Amsdorf, 2. Dezember 1524, WA Br 3, 396–397.

113 1617 wurde sogar das ursprünglich 1509 gedruckte Heiltums-

buch neu aufgelegt, für das man die noch vorhandenen originalen Druckstöcke verwendete, aber zusätzlich auch einen Abdruck von Luthers 95 Thesen einfügte. Vgl. Nathalie Krentz, Luther im lokalen Kontext, in: Der Reformator Martin Luther 2017 (Schriften des Historischen Kollegs, Kolloquien 92), hrsg. von Heinz Schilling, Berlin 2014, 109–131, hier 128–129.

[114] Zu den ersten bildlichen Darstellungen des Thesenanschlags vgl. insbes. Joachim Ott, Luther mit dem Hammer. Die Entstehung des Bildmotivs 1717 und die Öffnung der Heiligen Pforte von St. Peter in Rom, in: Lutherjahrbuch 84 (2017), 278–355.

[115] WA Br 1, 118.

[116] WA Br 1, 245.

[117] WA 1, 528.

[118] WA Br 1, 138.

[119] WA Br 1, 146.

[120] Roland Bergmeier, Martin Luthers Thesenanschlag und Erwin Iserlohs Fehldiagnose, Berlin 2018.

[121] Friedrich Myconius, Geschichte der Reformation (Voigtländers Quellenbücher 68), hrsg. von Otto Clemen, Leipzig 1914 (ND Gotha 1990), 22.

[122] So behauptet er etwa, Tetzel habe ganze zwei Jahre lang in Annaberg den Ablass gepredigt, während dieser in Wirklichkeit zwar relativ häufig, nämlich fünfmal zwischen 1508 und 1510, aber selbstverständlich in Abständen dort nachweisbar war. Vgl. Enno Bünz, Johann Tetzel und Annaberg, in: Johann Tetzel und der Ablass, hrsg. von Enno Bünz, Hartmut Kühne und Peter Wiegand, Berlin 2017, 195–197.

[123] Karlstadt an Spalatin, 28. April 1517: »(…) conclusiones centum quinquagenta duas [sic!] publice affixi (…)«, zit. nach: Hermann Barge, Andreas Bodenstein von Karlstadt, Bd. 1: Karlstadt und die Anfänge der Reformation, Leipzig 1905 (ND 1968), 463.

[124] WA Br 4, 275: »Wittemberge die Omnium Sanctorum anno

decimo Indulgentiarum conculcatarum, quarum memoria hac hora bibimus utrinque consolati.«

[125] WA TR 2, 2455 a/b. Übersetzung nach Hans Volz, Martin Luthers Thesenanschlag und dessen Vorgeschichte, Weimar 1959, 33.

[126] WA TR 3,564. Vgl. Erwin Iserloh, Luther zwischen Reform und Reformation. Der Thesenanschlag fand nicht statt, Münster 1966, 65.

[127] Martin Luther, Disputatio contra scholasticam theologiam [1517], WA 1, 226. Druckexemplar: Herzog August Bibliothek Wolfenbüttel, Signatur 434.11 Theol. 2°(a).

[128] Urkundenbuch der Universität Wittenberg. Teil 1, 1502–1611 (Geschichtsquellen der Provinz Sachsen und des Freistaates Anhalt N.R.3), hrsg. von Walter Friedensburg, Magdeburg 1926, 37.

[129] WA 1, 233.

[130] Christoph Reske, Die Anfänge des Buchdruckes im vorreformatorischen Wittenberg. In: Stefan Oemig (Hg.), Buchdruck und Buchkultur im Wittenberg der Reformationszeit, Leipzig 2015, 35–70, hier 53–64. Zum Umzug Rhau-Grunenberg vgl.: Stefan Rhein, Der Beginn der Reformation – Wittenberg 1517, Spröda 2017, 96.

[131] Martin Luther an Georg Spalatin, 9. September (?) 1516: WA Br 1, 53–57.

[132] Geheimes Staatsarchiv Preußischer Kulturbesitz, Berlin, Signatur GStA PK I. HA. Geh. Rat. Rep. 13 Religionsstreitigkeiten im Reich Nr. 4–5a, Fsz. 1.

[133] Martin Treu hatte die Handschrift noch als diejenige Martin Luthers identifiziert (Martin Treu, Urkunde und Reflexion. Wiederentdeckung eines Belegs von Luthers Thesenanschlag, in: Luthers Thesenanschlag – Faktum oder Fiktion (Schriften der Stiftung Luthergedenkstätten in Sachsen-Anhalt 9), hrsg. von Joachim Ott und Martin Treu, Leipzig 2008, 59–67). Tatsächlich weist sie Ähnlichkeiten zu dieser auf. Es fragt sich

allerdings, warum Luther denn selbst auf seinem eigenen Exemplar dieses Ereignis vermerken sollte. Ulrich Bubenheimer (persönliche Mitteilung per E-Mail vom 4. Oktober 2015; vgl. auch Thomas Kaufmann, Geschichte der Reformation in Deutschland, Berlin 2016, Anm. 50) hingegen konnte paläographische Gründe dafür anführen, dass es sich nicht um die Handschrift Luthers, sondern um diejenige Johannes Langs handeln muss. Beide Handschriften sind sich in der Tat sehr ähnlich. Als Unterscheidungskriterien zwischen Langs und Luthers Hand kann man aber beispielsweise das kleine g, typisch für Lang, sowie die Neigung Langs anführen, den Buchstaben u mit zwei Pünktchen über dem u (also ü) vom Buchstaben n zu unterscheiden, so in vorliegender Notiz in der letzten Zeile beim Wort primu(m) (geschrieben wie primü(m)).

[134] WA Br 1, 121.

[135] Silvestro Mazzolini (Prierias), In presumtuosas Martini Lutheri conclusiones de potestate papae Dialogus [1518], in: Dokumente zur Causa Lutheri (1517–1521), 1. Teil: Das Gutachten des Prierias und weitere Schriften gegen Luthers Ablaßthesen (1517–1518), hrsg. und kommentiert von Peter Fabisch und Erwin Iserloh (Corpus Catholicorum 41), Münster 1988, 56–107.

[136] WA TR 5, 177.

[137] Nach den Regularien der Leucorea vom 1. Oktober 1508 gehörte zu den Aufgaben der Pedelle »(...) festa, disputationes, promociones, in scholis publicare et ecclesiarum valvis intimare (...)«: Urkundenbuch der Universität Wittenberg, Teil 1, 1502–1611 (Geschichtsquellen der Provinz Sachsen und des Freistaates Anhalt N.R. 3), hrsg. von Walter Friedensburg, Magdeburg 1926, 30.

[138] Hermann Barge, Andreas Bodenstein von Karlstadt, Bd. 1: Karlstadt und die Anfänge der Reformation, Leipzig 1905 (ND 1968), S. 463.

[139] Christoph Markschies, Aufbruch oder Katerstimmung? Zur Lage nach dem Reformationsjubiläum, Hamburg 2017, 9.

[140] Daniel Jütte, Schwang Luther 1517 tatsächlich den Hammer?, in: Frankfurter Allgemeine Zeitung vom 18. Juni 2014.

[141] Joachim Ott, Luther mit dem Hammer. Die Entstehung des Bildmotivs 1717 und die Öffnung der Heiligen Pforte von St. Peter in Rom, in: Lutherjahrbuch 84 (2017), 278–355, hier 279–280.

[142] Als Beispiel sei nur auf die Hunderten von Nägeln aus der Abfallgrube am Elternhaus Martin Luthers verwiesen: Björn Schlenker, Luther in Mansfeld: Forschungen am Elternhaus des Reformators. Archäologie in Sachsen-Anhalt 6, Halle 2003.

[143] In der Notiz in Luthers Neuem Testament von 1540 verwendet Rörer »propositae sunt«, d. h. »sind vorgebracht worden«, in späteren Notizen gebraucht er Verbformen von »affigere«; vgl. Joachim Ott, Außer Thesen allerhand gewesen. Schätze der Reformationszeit in der Thüringer Universitäts- und Landesbibliothek Jena, Jena 2017, 12–14.

[144] Caesar Pflug an Herzog Georg von Sachsen, 27. November 1517: Akten und Briefe zur Kirchenpolitik Herzog Georgs von Sachsen, Bd. 1: 1517–1524, hrsg. von Felician Gess, Leipzig 1904, ND Köln und Wien, 28.

[145] A. von Keller, Ayers Dramen, Bd. 2: 9–17, 1865, 839 f., zit. nach Joachim Ott, Luther mit dem Hammer. Die Entstehung des Bildmotivs 1717 und die Öffnung der Heiligen Pforte von St. Peter in Rom, in: Lutherjahrbuch 84 (2017), 278–355, hier 281, Anm. 10.

[146] Joachim Ott, Luther mit dem Hammer. Die Entstehung des Bildmotivs 1717 und die Öffnung der Heiligen Pforte von St. Peter in Rom, in: Lutherjahrbuch 84 (2017), 278–355, hier 281–283.

[147] Vergleiche die genannten Beispiele ebd., 281 Anm. 9; in Frei-

burg i. Br. machten die Meistersinger ihre Singschulen auf so-
genannten Schulzetteln durch Aushang öffentlich bekannt,
hier ist ein um 1513 datiertes Exemplar mit Nagelspuren erhalten (Stadtarchiv Freiburg, Urkundenbestand A 1 XIII f«,
Nr. 2); der königliche Schutzbrief für das Konstanzer Konzil
vom 9. Juli 1417 weist in den Ecken Nagelspuren auf, was auf
einen öffentlichen Anschlag an Rathaus- und Kirchentüren
schließen lässt: Spätmittelalter am Oberrhein. Große Landes-
ausstellung Baden-Württemberg, Staatliche Kunsthalle Karls-
ruhe, 29. September 2001 – 3. Februar 2002, Bd. 2, 1: Alltag,
Handwerk und Handel 1350–1525, 124–125, Nr. 232.

148 Hans Holbein der Jüngere, Bildnis des Danziger Hansekauf-
manns Georg Gisze in London, 1532, Gemäldegalerie Berlin,
Staatliche Museen zu Berlin – Preußischer Kulturbesitz.

149 Vgl. hierzu: Günter Kowa, Tatort Schloßkirche – Martin Luther schwingt den Hammer, in: Mitteldeutsche Zeitung vom
29. 10. 2017. Ein weiterer Wittenberger Beleg für die Form eines Anschlags findet sich auf dem Titelblatt des ebenfalls in
Wittenberg gedruckten und mit einem Vorwort Luthers verse-
henen Buches von Ambrosius Moibanus »Das herrliche Man-
dat Jesu Christi« 1537, VD16 M 5929. Hier ist der Textblock allerdings an zwei Nägeln am Baum angenagelt, der die Seiten
von Gesetz und Gnade voneinander teilt.

Bildnachweis

Abb. 1: Luther als Gewissensheld: Hermann Freihold Plüddemann, Luther vor dem Reichstag zu Worms, Öl auf Leinwand, 1864. Stiftung Luthergedenkstätten in Sachsen-Anhalt, Signatur: G 58

Abb. 2: Luther als Streiter gegen Rom: Manasse Unger, Luther verbrennt die Bannandrohungsbulle, Öl auf Leinwand, um 1834. Stiftung Luthergedenkstätten in Sachsen-Anhalt, Signatur: G 155

Abb. 3: Luther mit dem Schwan: Kupferstich, um 1620, aus: Biblia ... Goslar: Johann Vogt, 1620. Stiftung Luthergedenkstätten in Sachsen-Anhalt, Signatur: fl III 695

Abb. 4: Luthers Thesenanschlag 1: Anonym, Farbdruck aus: Martin Rade: Dr. Martin Luthers Leben, Thaten und Meinungen, Neuensalza: Oeser 1883. Stiftung Luthergedenkstätten in Sachsen-Anhalt, Signatur: fl VII 13112

Abb. 5: Luthers Thesenanschlag 2: Theodor Kaufmann, Langner, Stahlradierung, 2. Hälfte 19. Jahrhundert. Stiftung Luthergedenkstätten in Sachsen-Anhalt, Signatur: fl VII 9076

Abb. 6: Luthers Thesenanschlag 3: Karl Bauer, Ätzung nach Zeichnung, signiert, aus: Bildermappe fürs deutsche Haus, Stiftungsverlag Potsdam, zehnte Auflage 1917. Stiftung Luthergedenkstätten in Sachsen-Anhalt, Signatur: grfl IIf 8447

Abb. 7: Luthers Thesenanschlag 4: Lovis Corinth, Lithografie in Kreidemanier, 1921. Aus: Neue Bilderbücher, 3. Folge (39 Lithografien zu Martin Luther und Zeitgenossen), Berlin: Kunstverlag Fritz Gurlitt 1920/21. Stiftung Luthergedenkstätten in Sachsen-Anhalt, Signatur: grfl IVj 12359/23

Abb. 8: »Martinus Luther«: Unterschrift Luthers auf dem Brief an Albrecht von Brandenburg, 31. Oktober 1517. Riksarkivet Stockholm. Foto: Emre Olgun

Abb. 9: Luthers 95 Thesen. Druck: Jacob Thanner, Leipzig 1517. Geheimes Staatsarchiv Preußischer Kulturbesitz (abgekürzt GStA PK), I. HA Geh. Rat. Rep. 13 Religionsstreitigkeiten im Reich, Nr. 4–5 a, Fasz. 1

Abb. 10: Luther monumental: Lucas Cranach d. Ä. (Werkstatt), Holzschnitt aus elf Teilen, um 1560, Wittenberg: Hans Lufft. Stiftung Luthergedenkstätten in Sachsen-Anhalt, Signatur: impfl 5201

Abb. 11: Die »Rörer-Notiz«: Martin Luthers Handexemplar »Das Neue Testament Deutsch« (Druck: Hans Lufft, Wittenberg, 1540) mit einer Notiz zum Thesenanschlag von Georg Rörer. Thüringer Universitäts- und Landesbibliothek Jena, Signatur: Ms. App. 25; Bl. 413r

Abb. 12: Johannes Langs Notiz auf dem Leipziger Thesendruck, 1517. Geheimes Staatsarchiv Preußischer Kulturbesitz (abgekürzt GStA PK), I. HA Geh. Rat. Rep. 13 Religionsstreitigkeiten im Reich, Nr. 4–5 a, Fasz. 1

Abb. 13: Der Pedell schlägt Luthers Thesen an: Rudolf Julius Benno Hübner, Öl auf Leinwand, 1878. Stiftung Luthergedenkstätten in Sachsen-Anhalt, Signatur: G 7

Abb. 14: Luther mit Nagelkörbchen: Alfred Rethel, Constantin Müller, Stahlstich, nach 1858 (?), Braunschweig: Georg Westermann. Stiftung Luthergedenkstätten in Sachsen-Anhalt, Signatur: 4° XII 1402

Abb. 15: Werbemotiv der Dachmarkenkampagne für die Nationalen Sonderausstellungen zum Reformationsjubiläum 2017. Staatliche Geschäftsstelle »Luther 2017«

Abb. 16: Luther schreibt die Thesen direkt an die Schlosskirchentür und stößt mit der Schreibfeder zugleich den Papst vom Thron in Rom: Der Traum Kurfürst Friedrichs des Weisen von

Sachsen, nach Conrad Grahle, 1617. Stiftung Luthergedenkstätten in Sachsen-Anhalt, Signatur: grfl VI 1184

Abb. 17: Wittenberger Schlosskirche samt Brücke und Vor-Portal: Georg Spalatin und Lucas Cranach d. Ä., Die Zeigung des hochlobwürdigen Heiltums, Wittenberg: Symphorian Reinhart 1509. Stiftung Luthergedenkstätten in Sachsen-Anhalt, Signatur: ss 3579

Abb. 18: Engel schlagen ein Plakat an: Martin Luther, Die ganze Heilige Schrift, deutsch, Wittenberg: Hans Lufft, 1534 (Titelholzschnitt). Stiftung Luthergedenkstätten in Sachsen-Anhalt, Signatur: Ag 2° 86

Zu den Autoren

Dr. Dr. Benjamin Hasselhorn, geboren 1986 in Göttingen, ist Historiker und Theologe. Sein Forschungsschwerpunkt liegt auf der Religionsgeschichte des 19. und 20. Jahrhunderts. Er ist wissenschaftlicher Mitarbeiter der Stiftung Luthergedenkstätten in Sachsen-Anhalt und kuratierte die Nationale Sonderausstellung zum Reformationsjubiläum in Wittenberg. Bei der EVA erschien von ihm zuletzt die Streitschrift »Das Ende des Luthertums?«.

Mirko Gutjahr M.A., geboren 1974 in Pforzheim, ist Historiker und Archäologe. Sein Forschungsschwerpunkt liegt auf der Geschichte und Archäologie der Reformationszeit. Er ist ebenfalls wissenschaftlicher Mitarbeiter der Stiftung Luthergedenkstätten in Sachsen-Anhalt und kuratierte im Jubiläumsjahr 2017 die Nationale Sonderausstellung »Luther! 95 Schätze – 95 Menschen«.

Benjamin Hasselhorn
Das Ende des Luthertums?

216 Seiten | Paperback
12 x 19 cm
ISBN 978-3-374-04883-0
EUR 19,00 [D]

Dieses Buch ist eine Liebeserklärung an das Luthertum und das Evangelisch-Sein. Es ist für diejenigen geschrieben, die sich über vieles wundern, was in der evangelischen Kirche geschieht, die inzwischen bei den meisten evangelischen Gottesdiensten etwas vermissen und die sich fragen, woher dieser Zustand eigentlich kommt.
Zugleich ist es aber auch eine Streitschrift. Denn trotz aller Aktivitäten zum Reformationsjubiläum scheint es eine Krise des Lutherischen zu geben. Die Entfremdung der Menschen von lutherischen, ja überhaupt von christlichen Traditionen scheint immer größer zu werden. Was war das eigentlich, das Luthertum? Wieso ist es in der Geschichte Europas und der Welt so wichtig gewesen? Und wieso scheint ihm die Puste ausgegangen zu sein? Auf diese Fragen sucht das Buch nach Antworten.

EVANGELISCHE VERLAGSANSTALT
Leipzig   www.eva-leipzig.de

Tel +49 (0) 341/ 7 11 41 -44   shop@eva-leipzig.de